La forêt d'Amazonie

Christine Sourd

EDITIONS
FLEURUS

Éditions Fleurus, 15-27, rue Moussorgski, 75018 Paris

SOMMAIRE

UNE FORÊT DÉMESURÉE

En Amérique du Sud, il existe une immense forêt humide, qui représente à elle seule plus de la moitié des forêts tropicales du monde ! Elle couvre près de cinq millions de kilomètres carrés du bassin amazonien. C'est probablement la région la plus riche et la plus diversifiée du globe qu'il te soit donné de découvrir.

■ Le bassin amazonien

Il occupe un territoire gigantesque qui s'étale à perte de vue sur 3 000 km d'est en ouest, et sur 500 à 2 000 km du nord au sud. Cette plaine, d'une altitude moyenne de 200 m, est encadrée par des massifs montagneux au nord et au sud, et par la cordillère des Andes à l'ouest. Elle débouche sur l'océan Atlantique à l'est.

■ Le fleuve-océan

L'Amazone est l'un des plus grands fleuves du monde par la quantité d'eau qu'il charrie et par la longueur de son cours. Il prend sa source dans les Andes à plus de 4 000 m d'altitude et se jette dans l'océan Atlantique, quelque 6 500 km plus loin. Son réseau est très compliqué. À cause de la faible pente, son lit serpente, s'élargit parfois sur 30 km et crée des

milliers d'îlots de forêts. L'Amazone reçoit les eaux de plus de mille affluents, dont ceux de grands fleuves comme le rio Negro, le rio Branco ou le Madeira. Près de l'océan, il forme un delta large de 500 km qui enserre l'île de Marajo, une île aussi grande que la Suisse.

■ Amazone, quel joli nom !

Depuis l'Antiquité, les explorateurs rêvaient de découvrir les Amazones et leur royaume fabuleux. Ces femmes guerrières, disait-on, se brûlaient le sein droit pour mieux tirer à l'arc ! En 1541, le conquistador espagnol Francisco de Orellana explore les terres de ce nouveau monde qu'est l'Amérique du Sud. Parti des Andes, il navigue avec son équipage sur un fleuve inconnu jusqu'à l'Atlantique. La végétation démesurée, l'air moite et les animaux fantastiques effrayent les aventuriers.

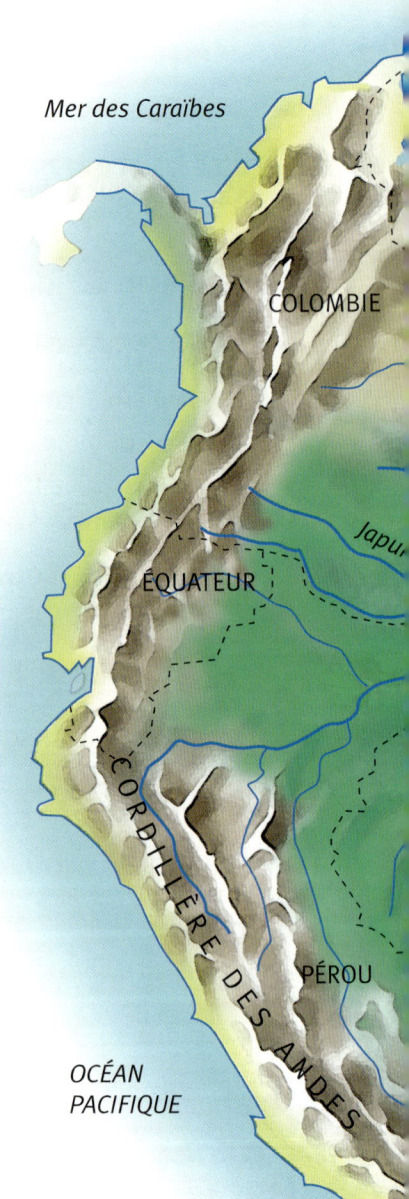

Mer des Caraïbes

COLOMBIE

Japu...

ÉQUATEUR

CORDILLÈRE DES ANDES

PÉROU

OCÉAN PACIFIQUE

Sur les bords du fleuve, Francisco aperçoit des Indiens imberbes et aux cheveux longs. Il les confond avec les célèbres combattantes !

L'expédition espagnole, qui croit avoir découvert le pays extraordinaire des Amazones, baptise aussitôt cette partie du fleuve "Amazone".

VENEZUELA

Orénoque

GUYANA

OCÉAN ATLANTIQUE

SURINAM

GUYANE FRANÇAISE

Cayenne

Rio Branco

Rio Negro

île de Marajo

Solimoes

Manaus

Amazone

Belem

Madeira

Araguaia

Tocantins

BRÉSIL

BOLIVIE

CHALEUR ET HUMIDITÉ

Dès ses premiers pas en forêt tropicale, la chaleur envahit le voyageur. L'atmosphère humide est presque étouffante. Peu à peu, son corps va s'adapter à ce nouveau milieu et cette impression pénible disparaîtra. Plongé au cœur du "paradis terrestre", il finira par trouver cette ambiance très agréable !

■ Des températures clémentes

Les températures que l'on trouve en forêt amazonienne sont de l'ordre de 26 °C en moyenne ; elles varient de 1 à 2 °C d'une saison à l'autre. Parfois, de mai à juillet (pendant l'automne et l'hiver de l'hémisphère sud) la température chute brutalement pendant plusieurs jours. On dégringole de 15 °C en quelques heures ! La responsable est une grosse masse d'air froid venue d'Antarctique.

■ Des pluies abondantes

Les précipitations annuelles varient de 2 000 à 3 600 mm. La période pluvieuse se situe de janvier à mai, la plus sèche d'août à novembre. Il fait souvent frais le matin et orageux l'après-midi. Les averses, soudaines et brutales, se produisent en fin de journée mais sont de courte durée : une demi-heure à deux heures. Après les orages, la lumière est belle, l'atmosphère plus légère. Cependant, sitôt tombée au sol, plus du tiers de l'eau de pluie s'évapore et regagne rapidement l'atmosphère.

Joue au faiseur de pluie

Pour fabriquer un pluviomètre il te faut :

• Une bouteille en plastique à fond plat, un double décimètre, une paire de ciseaux, un couteau-scie, du ruban adhésif transparent et un piquet droit de 1, 20 m de haut.

• Découpe le haut de la bouteille au quart supérieur (fig. 1), en faisant bien attention de ne pas te blesser !

• Renverse la partie coupée et pose-la sur la bouteille comme un entonnoir.

• Fixe l'ensemble à l'aide du ruban adhésif (fig. 2).

• Coupe le double décimètre pour qu'il ne dépasse pas la hauteur de la bouteille. Fixe-le aussi avec le ruban adhésif.

• Plante ton piquet (fig. 3) droit dans le sol, loin des murs et des arbres. Toujours avec le ruban adhésif, colle ton pluviomètre sur le piquet à 1 m du sol.

Si tu récupères 1 cm d'eau (fig. 4), cela signifie qu'il est tombé environ 1 litre d'eau par mètre carré. Et ainsi de suite : tu multiplies par 100 la quantité d'eau dans ton pluviomètre. N'oublie pas de vider le récipient à chaque fois !

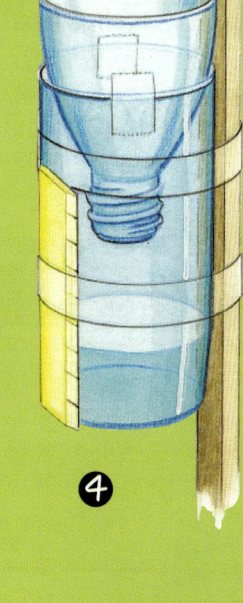

❹

❶

❷

❸

AU RYTHME DES EAUX

Véritable fleuve-océan, l'Amazone façonne les paysages et la végétation du massif forestier amazonien. Les forêts de terre ferme*, d'igapo* et de varzea* dépendent des caprices du fleuve et de ses innombrables affluents.

■ Eaux claires, blanches et noires

Il existe trois grands types de fleuves amazoniens. Les fleuves d'eaux claires, d'un bleu-vert transparent, sont peu chargés en sels minéraux. Les fleuves boueux d'eaux blanches ou jaunes charrient du calcaire, du magnésium et des métaux. Les fleuves d'eaux noires, couleur café ou bleutée, sont colorés par l'humus et la décomposition végétale. Ils sont appelés "fleuves de la faim" car peu de poissons se plaisent dans leurs eaux acides.

■ Crues et décrues

L'alternance des saisons pluvieuses et sèches entraîne des différences impressionnantes entre les hautes et les basses eaux. Aux abords de Manaus, la capitale de la région d'Amazonas, au Brésil, cette variation peut atteindre 15 m. La période des hautes eaux s'étend d'avril à août, celle des basses eaux de septembre à octobre.

■ Des forêts diverses

Selon l'importance des crues, la durée d'inondation des terres et la nature des fleuves,
on distingue trois types de forêts amazoniennes :
– la forêt de terre ferme (*terra firme*, en brésilien) n'est jamais inondée ;
– la forêt de *varzea* pousse dans les plaines inondables qui entourent les fleuves. Large de 20 à 100 km, elle est noyée chaque année pendant les crues. On la rencontre surtout le long des fleuves à eaux jaunes, et vers l'embouchure du fleuve Amazone ;
– la forêt d'*igapo*, inondée en permanence, se trouve principalement dans le lit des fleuves à eaux noires.

LES CONSEILS DE L'EXPLORATEUR

Une excursion en forêt tropicale peut apporter un très grand plaisir. Si le randonneur veut en profiter au maximum et ne pas être pris au dépourvu, il doit préparer son matériel avec soin. Il adaptera son rythme, sa façon de s'habiller et de se déplacer à la chaleur des tropiques.

■ Le voyage accompagné

Partir en voyage organisé reste le meilleur moyen de découvrir la forêt tropicale. Il présente plusieurs avantages : le voyageur n'a pas à s'occuper du transport de son matériel, du logement, et il peut consacrer plus de temps à l'exploration des lieux. Et un bon guide pourra lui donner une foule d'informations : il saura identifier la plante qui a piqué sa curiosité, et montrer le petit animal craintif tapi sous les buissons.

■ Le matériel indispensable

Si l'explorateur veut voir des animaux, il doit être en forêt dès le lever du soleil. Dans un sac à dos il met une paire de jumelles, un appareil photo muni de pellicules sensibles, une cape de pluie,

une lampe frontale, une gourde d'eau, une carte, une boussole, un petit couteau, un carnet de notes, une montre, un crayon et une machette. Enfin, il ne doit pas oublier d'emporter une trousse de

premier secours, contenant du sérum antivenimeux, une pince à épiler pour retirer les échardes, un antiseptique* en cas de petites blessures, du sparadrap pour les ampoules et des pastilles pour purifier l'eau.

Une tenue confortable

Malgré la chaleur, le randonneur porte des chaussures montantes et des chaussettes de laine, dans lesquelles il glissera les jambes de son pantalon en toile légère, afin d'éviter les piqûres d'insectes et les griffes des lianes. Pour les mêmes raisons, le port de la chemise en coton à manches longues est préférable à celui du T-shirt. Un chapeau de toile imperméable le protégera des toiles d'araignée et des débris végétaux qui dégringolent des arbres, ou du soleil s'il circule sur les cours d'eau.

Comment fabriquer ton hamac ?

Prends une grosse toile de 2, 50 m de long sur 1, 50 m de large, deux solides cordes de 2 m de long.

➊

À la tête et au pied de la toile, fabrique un ourlet de 10 cm de large. Puis, à l'aide d'une bonne paire de ciseaux, fais un trou circulaire d'environ 2 cm de diamètre tous les 10 cm. Renforce le pourtour de chaque orifice, soit en cousant une bande de tissu tout autour, soit en faisant poser de gros œillets par le cordonnier. Glisse la corde (1) dans les trous, à chaque extrémité. Ton hamac est fini, il ne te reste plus qu'à trouver deux branches d'arbre pas trop éloignées pour le suspendre (2). Ouf, tout est prêt pour une bonne sieste !

➋

LES DANGERS À ÉVITER

Sous les tropiques, on redoute d'être mordu, piqué ou empoisonné par une foule de créatures malveillantes. Beaucoup d'espèces déplaisantes vivent en forêt amazonienne, mais il est facile de les éviter !

les "élapidés" et les "crotalinés". Les élapidés (comme le serpent corail) sont souvent rayés de rouge, de noir et de jaune. Les crotalinés (comme le grage petits carreaux) ont une tête triangulaire. À l'approche de l'homme, la plupart déguerpissent. D'autres s'immobilisent. Le seul risque est de marcher dessus. Les iguanes, malgré leur aspect repoussant, sont inoffensifs.

■ Attention aux insectes !

Gare aux insectes piqueurs ! Des colonies de guêpes, de fourmis et d'abeilles ont élu domicile dans les troncs morts et la végétation en fouillis. On risque de se faire piquer si on monte dans un arbre ou si on s'assied sur une vieille souche. Mais, à quelques exceptions près, les piqûres de ces animaux ne sont pas dangereuses. Il ne faut pas se fier aux chenilles recouvertes de piquants : aussi jolies soient-elles

■ Espèces discrètes

Si les serpents venimeux sont dangereux, la possibilité d'en rencontrer est faible : neuf fois sur dix, le serpent sera inoffensif, mais ce n'est pas une raison pour être imprudent. Deux types de serpents venimeux vivent ici :

(voir ci-contre), beaucoup provoquent de l'urticaire*. C'est mieux d'éviter de les toucher !

◼ Conseils utiles

Y a-t-il des plantes et des fruits comestibles ? Dans le doute il vaut mieux s'abstenir et laisser le guide goûter le premier ! Et même si lui en mange avec plaisir, ils peuvent occasionner des maux de ventre à ceux qui ne sont pas habitués à cette nourriture. Ici, on transpire à grosses gouttes : aussi faut-il beaucoup boire. L'eau des rivières n'est pas potable car le tapir, mammifère qui adore nager, a l'habitude de déféquer dedans ! Il est indispensable de ne rien boire qui ne soit bouilli, ou au moins purifié par des pastilles chimiques achetées en pharmacie avant le départ.

Fabrique-toi un chapeau moustiquaire

Il te faut un chapeau à larges bords, une bande de moustiquaire (ou une bande de tulle) de 40 cm de large et 70 cm de long. Couds la bande de tissu tout autour du rebord de ton chapeau, en croisant à l'arrière le tissu. Il te suffira de rabattre la voilette sur ton visage pour ne pas avaler la nuée de moucherons qui s'apprêtent à fondre sur toi !

SE DÉPLACER DANS LA JUNGLE

Après la promenade pédestre, le meilleur moyen pour découvrir la jungle d'Amazonie est de circuler sur l'eau, dans une petite embarcation à rames ou à moteur. L'approche à faible vitesse, moteur coupé, permet de surprendre une faune souvent farouche et d'admirer la démesure de la forêt.

■ À pied

Lorsque des sentiers existent, ils sont peu fréquentés et non balisés. Avant de partir avec son guide, il est plus sûr que le randonneur signale son itinéraire à quelqu'un et l'heure à laquelle il pense rentrer. Un circuit aller et retour est idéal, la forêt est si riche qu'il découvrira autant de choses au retour qu'à l'aller. Et attention, la nuit tombe vers 17 heures sous ces latitudes !

■ En bateau

Canoë ou pirogue ? Il faut se renseigner sur les embarcations adaptées à la rivière à explorer. Là encore, la compagnie d'un guide local est la meilleure des garanties. Sur les rivières, non entretenues, de nombreux arbres empêchent la libre circulation : la machette est nécessaire. Le port du chapeau et du gilet de sauvetage est fortement conseillé. Il vaut mieux placer ses affaires dans des récipients étanches ou des sacs plastiques, qui flotteront si l'embarcation vient à chavirer. Derniers conseils : se laisser voguer au fil de l'eau en explorant les rives du regard, et éviter de faire du bruit.

Il est très facile de s'égarer dans la forêt vierge, parce que l'on ne regarde pas assez... derrière soi.
Le randonneur doit sans cesse jeter un coup d'œil par-dessus son épaule ; chercher des détails inoubliables (une souche à la forme tarabiscotée, ou une termitière) et à défaut, fabriquer des points de repère sans abîmer la forêt tropicale. Tel le Petit Poucet, il posera une branche morte ou une pierre à la forme inhabituelle pour signaler l'étroit passage qui vient de le mener à ce sentier.

Comment construit-on une pirogue ?

Les pirogues sont taillées dans la masse d'un tronc d'arbre choisi près de la rivière. On commence par tailler la forme extérieure, en affinant le tronc aux deux extrémités. Puis on l'évide jusqu'à obtenir des bords épais de 4 cm environ. Si l'embarcation est grande, on installe à l'arrière un toit de fortune fait de branchages et de feuilles, pour protéger les passagers du soleil. Une pirogue d'une douzaine de mètres peut embarquer une quinzaine de navigateurs !

LA MANGROVE ET LES MARAIS CÔTIERS

La mangrove, soumise au va-et-vient des marées, est une forêt des latitudes tropicales. Elle pousse là où l'eau salée de la mer se mêle aux eaux douces des fleuves chargées d'alluvions. Dans le fouillis des palétuviers blancs, rouges et gris, qui disputent chaque jour à l'océan une parcelle de territoire, vit une faune bigarrée. En arrière se trouvent des lagunes et des marais d'eau douce parsemés de palmiers.

CONTRE VENTS ET MARÉES

Les palétuviers poussent sur un sol mou, salé et submergé deux fois par jour par la mer. Ils ont trouvé différents moyens pour respirer dans cette vase et résister aux mouvements de l'eau pendant le flux et le reflux. Les palétuviers rouges possèdent des racines aériennes à l'aspect d'échasses. Les palétuviers blancs, aux racines souterraines, sont dotés d'appendices respiratoires qui pointent au-dessus de la vase. Ces arbres peuvent aussi rejeter, par leur écorce et leurs feuilles, le sel marin en excédent.

1. LES PALÉTUVIERS

2. LE CAÏMAN À LUNETTES
Friand de crabes, d'escargots aquatiques et de poissons, ce reptile de plus de 2 m affectionne les marais et les cours d'eau.

3. LE CRABE VIOLONISTE
À l'époque des amours, le mâle se pare de couleurs vives. Pour défendre son territoire et séduire une femelle, il se livre à de véritables danses en agitant sa grosse pince.

4. LE POISSON QUATRE-YEUX
Familier des mangroves, ce poisson étonnant a des yeux divisés en deux parties, qui lui permettent une vision à la fois aérienne et sous-marine !

5. LA SPATULE ROSE

6. L'IBIS ROUGE

7. LE CERF DE VIRGINIE
Habitant les zones maréca-geuses du littoral brésilien, ce cervidé d'une trentaine de kilos a de nombreux petits. Les femelles donnent le jour à des jumeaux, capables de se reproduire dès l'âge de 6 mois.

8. LE RATON CRABIER
Grâce à ses doigts sen-sibles et habiles, ce petit mammifère capture avec facilité ses proies : crabes, mollusques, crustacés ou jeunes tortues.

LES OISEAUX DES MARAIS CÔTIERS

Dans les mangroves et les lagunes, la vie aquatique est d'une richesse insoupçonnée. Crabes, poissons et mollusques occupent les lieux et attirent de nombreuses espèces d'oiseaux, qui trouvent ici un abri douillet pour nicher et de quoi se régaler.

■ Le troglodyte familier

Il habite les jeunes mangroves et se poste sur les palétuviers. Il vole souvent en couple dans les bosquets, à la recherche d'insectes et d'araignées.

■ Le tangara à bec d'argent

Les tangaras (ci-dessus) fouillent bruyamment la végétation des marais ou de la mangrove, pour dénicher des fruits ou débusquer des insectes.

■ Le toucan ariel

Il niche dans les trous des arbres. Il fréquente surtout les forêts marécageuses du littoral où abonde son arbre fétiche, le palmier pinot.

■ La spatule rose

Très sociable (ci-dessous), elle vit en colonies dans les lagunes, les deltas

■ Le troglodyte à miroirs

Cet oiseau d'environ 20 cm fréquente les forêts inondées. Il vit en petits groupes bruyants.

et les marais d'Amérique du Sud tropicale. Elle ne dédaigne pas la compagnie d'autres échassiers comme l'ibis. La femelle pond deux ou trois œufs blancs ornés de brun dans un nid de branches entrelacées.

■ L'aigrette bleue

Elle raffole des petits crabes et des poissons de la mangrove, et se rassemble en troupes importantes dans les estuaires du littoral. Elle ne revêt sa livrée gris-bleu foncé qu'à l'âge adulte.

■ L'ibis rouge

Les poussins naissent recouverts de duvet noir, dans des nids au sommet des jeunes palétuviers.
À l'âge adulte, c'est-à-dire à deux ans, leurs plumes prendront une belle couleur écarlate. Les ibis rouges forment de grands vols à l'aube et au crépuscule : ils partent en "chasse" ou regagnent leur dortoir.

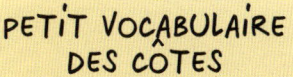

PETIT VOCABULAIRE DES CÔTES

Lagune : étendue d'eau de mer située derrière le cordon littoral.
Marais : nappe d'eau stagnante, douce ou saumâtre (mélangée à l'eau de mer).
Delta : un delta se forme quand les alluvions se déposent à l'embouchure d'un fleuve.

■ L'ibis vert

Les femelles (ci-dessus) s'isolent pour faire leur nid, une coupe frêle de branchettes. Elles pondent deux jolis œufs de couleur vert olive. En dehors des périodes de reproduction, de petites troupes d'ibis verts se rassemblent à nouveau.

■ Le tantale d'Amérique

Ce vigoureux échassier, d'une envergure de 165 cm, mesure 1 m de haut. Il vit en bandes dans les marais et sur les rivages marins. Il se rassemble, au moment de la nidification*, en immenses colonies.

■ Le balbuzard pêcheur

Originaire des États-Unis, il aime prendre ses quartiers d'hiver au chaud, dans les estuaires ou les grands cours d'eau du continent sud-américain. Sa technique de pêche est redoutable : du haut d'un perchoir, il scrute les flots, repère sa proie — un poisson de rivière ou de mer — et fond sur elle en l'agrippant dans ses serres.

■ Le grébifoulque

Il construit des nids dans la végétation émergeant au-dessus de l'eau. Le mâle transporte les poussins dans des poches de peau situées sous ses ailes. Il parvient à nager, et même à voler avec ses rejetons, sur de courtes distances !

■ L'urubu à tête rouge

Très commun sur le littoral, ce vautour niche dans les grandes cavités d'arbres. À l'occasion, il trouve refuge sous un abri à même le sol !

■ Le jacana noir

Il aime les plans d'eau calme encombrés en surface de végétation. Grâce à ses longs doigts, il court sur les larges feuilles flottantes. Il niche sur les plantes aquatiques, au milieu des nénuphars ou des jacinthes d'eau.

Construis un mobile spatule rose

■ Le courlan brun

Il vit dans les terrains marécageux à la recherche d'escargots

aquatiques. Son bec long et puissant lui permet d'ouvrir les coquilles des gastéropodes. Il est aussi très amateur d'insectes, de vers et de petits rongeurs.

Tu as besoin de carton rigide, d'une aiguille à coudre, de fil de pêche, d'une grosse perle de verre, d'une baguette de bois ronde d'une vingtaine de centimètres de long, d'une paire de ciseaux, de peinture et d'un pinceau.

Après avoir reporté le modèle sur le carton en l'agrandissant, découpe-le avec tes ciseaux. Peins l'oiseau en respectant les couleurs de la photo p. 20. Perce, à l'aide de l'aiguille, un petit trou à l'emplacement des numéros sur chacune des ailes et du corps. Fais le bec à part, et emboîte-le par une fente au nez de l'oiseau. Attache ensemble les trous de même numéro (n° 1 et n° 2). Avec le fil de pêche, accroche la perle au trou n° 3. Relie ensuite par un fil les trous n° 4 et n° 5 puis accroche-les à la baguette. Bravo, tu viens de réaliser une spatule rose en train de voler !

LA FORÊT DANS TOUS SES ÉTATS

Vue d'avion, la forêt tropicale amazonienne s'étend à l'infini. Sur cette palette, tous les verts de la création sont réunis. Les cours d'eau sinueux rompent la monotonie de cet immense espace. Çà et là, la tache grise d'un arbre ayant perdu ses feuilles apparaît. Plus loin, le jaune ou le violet d'un arbre en fleurs éclabousse l'horizon.

■ Forêt de *terra firme*

Elle couvre 80 % de l'Amazonie et rassemble de nombreuses espèces d'arbres, à troncs droits et longs. Leur cime avoisine 30 m de haut. Quelques-uns émergent de la voûte de feuillage, mais rares sont ceux qui dépassent 40 m de hauteur, à l'exception du châtaignier qui donne la célèbre noix du Brésil. Sous les grands arbres poussent de petits arbres et arbustes. Au sol, il y a peu de plantes. On rencontre surtout des mousses et des champignons, tandis que les lianes et les épiphytes* se mêlent à foison.

■ Forêt d'*igapo*

C'est une forêt maréca-geuse de régions basses, au sol toujours inondé ou boueux. Là, grandissent de nombreux arbres à échasses et des palmiers à profusion.
Les épiphytes et les plantes myrmécophiles – c'est-à-dire qui vivent en symbiose avec des fourmis – sont abondantes, les lianes plus rares. Ici se trouvent les arbres les moins élevés de la forêt. Le sous-bois regorge de fougères et de marantacées, plantes tropi-cales à grandes feuilles.

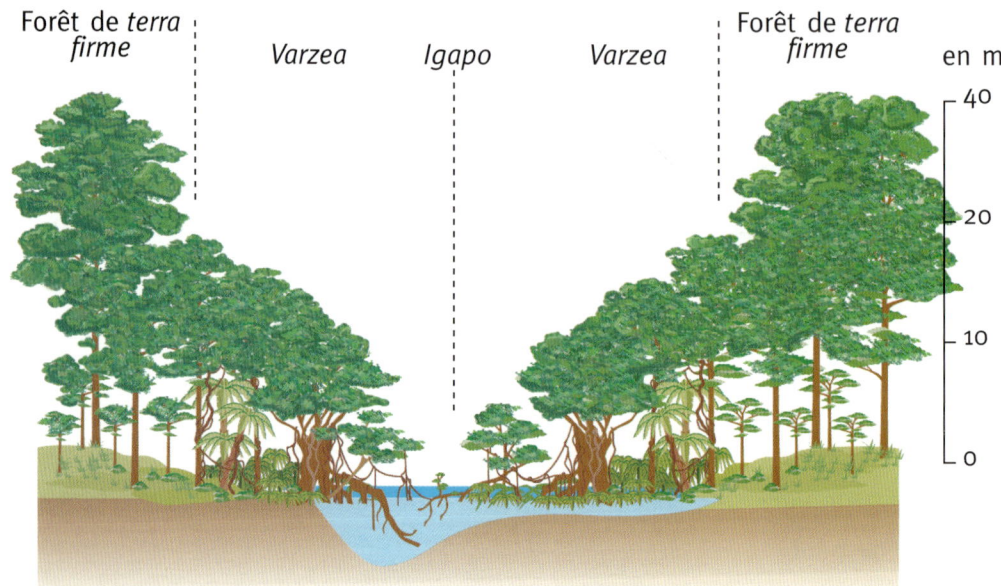

Forêt de *terra firme* — Varzea — Igapo — Varzea — Forêt de *terra firme*

en m
40
20
10
0

■ Forêt de *varzea*

Elle ressemble beaucoup à la forêt d'*igapo* et pousse
près des fleuves à eaux blanches. Ses arbres
dépassent rarement les 20 m. La plupart sont munis
de contreforts* ou même de racines aériennes pour
soutenir leur tronc. Dans le sous-bois, très dense,
les lianes et les palmiers abondent.

VÉGÉTAUX DES FORÊTS MARÉCAGEUSES

Gorgées d'eau et de boue, les forêts d'igapo et de varzea se caractérisent par un grand nombre de plantes aquatiques et d'arbres aimant la lumière. Les arbres sont le plus souvent juchés sur des racines à échasses ou équipés de contre-forts*. Cette architecture leur permet de se maintenir en équilibre sur le sol mou. Le sous-bois se compose de buissons, de palmiers et de fougères.

■ Le palmier pinot

Son tronc, d'une trentaine de mètres, est surmonté d'une couronne aérée formée de grandes feuilles de 2 à 3 m de long, et déployées en forme d'arc.

■ Le kapokier

L'arbre le plus majestueux de la forêt inondée est un véritable géant : jusqu'à 60 m de hauteur ! Âgé, il possède souvent de remarquables racines-palettes de plusieurs mètres de haut. Les fleurs, d'un blanc jaunâtre, sont visibles sur l'extrémité des nouvelles pousses après la chute du feuillage.

■ Le bois canon ou imbauba

Cette essence, avide de pleine lumière, pousse dans les chablis (trouées naturelles de la forêt où la lumière se fraie un passage jusqu'au sol) ou près des cours d'eau. Son tronc élancé peut atteindre 25 m de haut. Ses feuilles en éventail comportent jusqu'à treize lobes.

🟧 Le moucou-moucou

Cette plante (ci-dessous) de la famille des arums envahit les eaux peu profondes. Elle a une tige armée d'épines, et porte des fleurs en cornet. Ses feuilles triangulaires s'élèvent jusqu'à 4 m au-dessus de l'eau.

🟧 La jacinthe d'eau

Sur les eaux, ces jacinthes forment une véritable mer de végétation verte et violette. Elles flottent grâce aux pétioles* de leurs feuilles remplies d'air.

🟧 Le manil

Cet arbre se reconnaît à ses fleurs rouges (ci-contre) et à son latex jaune. On le rencontre dans les terrains marécageux d'eau douce, souvent près d'un palmier pinot. Sa cime est peu importante et son tronc cylindrique est droit. Il renforce sa base par des racines aériennes.

🟧 Le nénuphar géant

Ce nénuphar possède d'immenses feuilles plates, de près de 2 m de diamètre. Ourlée d'un bord fin et gracieux, la feuille a une fleur rose, blanche ou rouge. Grenouilles et oiseaux viennent s'y reposer un instant. Le nénuphar géant est la plus imposante des plantes aquatiques.

FLEUVES ET RIVIÈRES

L'Amazone et ses affluents sont le lieu de prédilection de milliers d'espèces sauvages, féroces ou pacifiques. Reptiles, poissons, mammifères et sauriens* se disputent les eaux troubles des rivières. D'innombrables oiseaux et mammifères peuplent aussi les rives des fleuves, pour s'abreuver et se nourrir.

1. LE PLANCTON VÉGÉTAL (ALGUES)
2. LE NÉNUPHAR GÉANT
3. LES DÉTRITUS VÉGÉTAUX
4. LE LAMANTIN
5. LA TORTUE GÉANTE D'AMÉRIQUE DU SUD
6. LE CAPYBARA
7. LE LEPORINUS À BANDES
8. L'INIA
9. LES PIRANHAS
10. L'ARAPAÏMA
11. LE CAÏMAN NOIR

LES MAMMIFÈRES AQUATIQUES

Les mammifères d'Amazonie ont su s'adapter à leur milieu, et nombre d'entre eux sont d'excellents nageurs ou des familiers des cours d'eau. Les herbivores côtoient les carnivores. En ouvrant l'œil, le voyageur pourra croiser des dauphins au fil de l'eau.

■ Le capybara

C'est le plus grand rongeur du monde : il mesure plus de 1 m de long et pèse jusqu'à 50 kilos. Au crépuscule, il parcourt les rives des cours d'eau en quête de verdure, d'écorces et de fruits.

■ La sotalie

Répartie dans tout le bassin amazonien et ses affluents, cette espèce de dauphin (ci-dessous) mesure en moyenne 1,40 m. Grâce à sa dentition, la sotalie peut se nourrir d'animaux munis d'une coquille ou d'une carapace comme les poissons-chats cuirassés, les crabes ou les crevettes.

■ L'inia

Comme tous les dauphins, l'inia (ci-dessus) vit dans l'eau et remonte souvent à la surface pour respirer par son évent*. Mais il vit dans les eaux douces de l'Amazone ! Il a un corps cylindrique, une longue tête, un museau allongé et conique couvert de poils courts et serrés. Sa longueur peut dépasser 3 m. Il se nourrit de poissons.

■ Le lamantin

Il passe six mois dans les régions inondées du bassin amazonien, à consommer des herbes et des plantes aquatiques, avant de gagner des lacs peu profonds où il s'installe pour le reste de l'année. Là, il jeûne quatre à six mois. Pourtant, le lamantin détient un record peu compatible avec ce régime : avec ses 600 kilos, c'est le plus gros animal d'Amazonie !

■ La loutre de rivière

Cette loutre ne dépasse pas 80 cm de long : elle aime les cours d'eau rapides où elle chasse poissons et crustacés.

■ La loutre géante

Elle possède un museau poilu, une fourrure courte et soyeuse de couleur chocolat, une queue plate et large pourvue de franges de poils. C'est une véritable géante : 1,20 m sans compter la queue !

LES OISEAUX DES RIVES

Le bassin de l'Amazone est formé de lacs, de criques, de forêts inondées, de marécages, de bancs de sable mouvants et de nappes d'eau au niveau changeant. Les rives des fleuves abritent une multitude d'oiseaux, qui viennent y chercher sécurité et nourriture.

■ Le caurale soleil

Ce bel oiseau (ci-contre) d'une quarantaine de centimètres est friand de poissons, de batraciens et d'insectes qu'il trouve sur les berges.
Il exécute à la saison nuptiale des danses curieuses, au cours desquelles il déploie ses ailes magnifiques.

■ L'hoazin huppé

Il est tout juste capable de planer d'un arbre à l'autre. L'hoazin adulte (à gauche) dégage une forte odeur de musc qui lui a valu le surnom d'"oiseau puant". Son jabot musclé lui permet de digérer les feuilles de moucou-moucou et de palétuvier, qui constituent sa principale nourriture.

■ Le canard musqué

Amateur de verdure et de fruits, ce canard ne dédaigne pas insectes, vers, mollusques ou autres petits invertébrés. Les mâles se battent à la saison des amours pour conquérir les femelles. Bientôt, celles-ci feront leur nid dans les trous des arbres.

■ Le jabiru d'Amérique

Seuls ou en couples, ces oiseaux de 1,40 m de haut pataugent avec leurs longues pattes dans les eaux peu profondes, pour dénicher poissons, mollusques ou crustacés.

■ L'anhinga noir

Proche des cormorans, l'anhinga noir se reconnaît à son cou long et son bec pointu. Il pêche sous les eaux les poissons dont il est amateur.

■ Le kamichi cornu

Il vit au bord des rivières, se nourrit de mollusques, de vers et d'araignées, et ne dédaigne pas manger à l'occasion un jeune iguane ou un gecko, un petit lézard.

HOAZIN ET ARCHÉOPTÉRYX

Par son mode de vie et son anatomie, ce drôle d'oiseau a tout pour intriguer les ornithologues. Avec son grand corps lourd et sa petite tête surmontée d'une crête, il est vraiment bizarre, et ses oisillons encore plus. L'hoazin vit dans les lisières forestières, en bordure des cours d'eau. Il aménage son nid en plate-forme au-dessus des flots. À la naissance, les oisillons possèdent sur chaque aile deux griffes bien développées. Ainsi, ils peuvent s'accrocher aux branches comme des quadrupèdes ! Ces griffes, qui disparaissent quelques semaines plus tard, ne se rencontrent chez aucun autre oiseau actuel. Seul l'archéoptéryx, ce lointain dinosaure ancêtre de l'hoazin, mi-reptile mi-oiseau, en possédait de similaires.

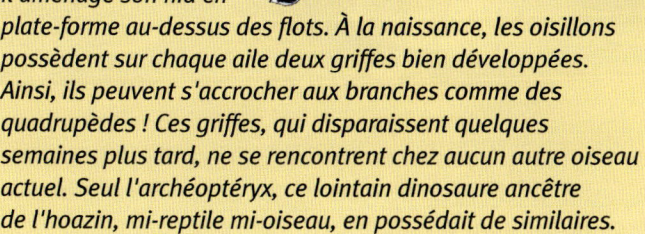

LES POISSONS DES COURS D'EAU

Plus de deux mille espèces de poissons habitent le bassin de l'Orénoque et de l'Amazone, à peu près autant que dans les eaux de l'Atlantique ! Il est donc difficile de tous les reconnaître. Mais gare aux piranhas ! Sur la pirogue, il ne faut pas s'aviser de tremper ses mains dans l'eau.

■ Le piranha

Ce poisson redoutable se déplace en bancs dans tous les cours d'eau et chasse en groupe. Il mange d'autres poissons, mais n'hésite jamais à attaquer les mammifères. Il devient surtout agressif pendant la période des basses eaux, car la nourriture se fait rare. Le piranha dispose de mâchoires si fortes et de dents si aiguisées qu'il peut trancher un morceau de chair comme un rasoir. La phalange d'un doigt peut être coupée d'un seul coup !

■ Le pirarucu

Le pirarucu, aussi appelé arapaïma, est l'une des plus grandes espèces vivant en eau douce. Certains individus peuvent mesurer 4,50 m et peser 100 kilos. Les grosses écailles du pirarucu, très rugueuses, sont utilisées comme des râpes. Une fois séchée et salée, sa chair ressemble à celle de la morue.

■ L'anguille électrique ou gymnote

Sa longueur peut avoisiner 2,30 m. Elle émet des courants électriques de faible intensité, mais aussi de fortes décharges de 500 volts. Celles-ci causent un choc capable d'étourdir de très gros animaux.

■ Le guppy

Ce petit poisson
de 4 cm est un grand
destructeur de
moustiques. La femelle
pond plusieurs dizaines
de petits, vivants, car
les œufs fécondés
se développent à
l'intérieur de son corps.

■ Le poisson hachette argenté

Grâce aux battements de
leurs grandes nageoires
pectorales, ces poissons
volent littéralement dans
les airs pour attraper
les insectes qui viennent
de naître.

POISSON VOLE !

En période de crue, le niveau des eaux monte si haut qu'une
partie de la forêt est complètement engloutie. Faune et flore
s'adaptent avec grand naturel à ces nouvelles conditions de vie.
Les poissons rencontrent de drôles d'obstacles : les arbres
et les plantes immergés ! Certains changent de régime
alimentaire, et se mettent à grignoter des graines et des baies.

■ Le leporinus à bandes

Long de 28 cm environ,
il fréquente les zones
rocheuses de rapides.
Il mange des fruits
et des graines mais
aussi des petits poissons.
C'est de décembre à mai
que ces jolis poissons
frayent* dans la
végétation inondée.

TORTUES, CROCODILES ET CAÏMANS

L'Amazonie héberge une faune de reptiles aquatiques de toutes sortes. Les forêts inondées qui longent les cours d'eau sont peuplées de tortues d'eau douce, de crocodiles et de caïmans.

■ La tortue géante d'Amérique du Sud

Cette tortue peut atteindre 1 m de long. À la saison de reproduction, des centaines de tortues géantes se rassemblent sur les îles basses des fleuves pour pondre leurs œufs. L'éclosion a lieu la nuit : cela n'empêche pas les prédateurs de dévorer de nombreux jeunes.

■ La matamata

Elle mesure 45 cm de long et porte une carapace bosselée. Ses faibles mâchoires lui interdisent de mastiquer ses proies, de petits poissons ou des crustacés. Alors elle les avale d'un seul coup ! La matamata est dotée d'un tube respiratoire qui lui permet de demeurer longtemps immergée.

■ Le crocodile de l'Orénoque

Dépassant les 6 m, c'est l'un des plus grands crocodiliens de la région. Il raffole de poissons.

■ Le caïman noir ou jacaré

Il peut dépasser les 6 m. On le trouve dans les forêts inondées, près des lacs et des rivières au cours lent où il dévore des poissons, des mammifères et même d'autres espèces de caïmans. Sa taille respectable ne

l'empêche pas de faire preuve d'une agilité surprenante pour attraper ses proies, aussi bien sur terre que sur l'eau. Grand prédateur pourchassé à cause de sa peau, il appartient aux espèces menacées en Amazonie.

■ Le caïman nain de Cuvier

Il se plaît dans les eaux profondes et agitées à fond rocheux. Grâce à sa peau épaisse, il encaisse tous les chocs contre les rochers des rapides !

■ Le caïman à museau élargi

Il a une tête large, ronde et massive. On le rencontre surtout dans les marais d'eau douce peu profonds, et le long des grands fleuves. Les jeunes se nourrissent d'insectes et de crustacés, les adultes de proies plus grosses.

DANS LE SOUS-BOIS

Le long des rivières et près des clairières, le sous-bois très touffu gêne l'avancée en lisière de la forêt. Mais dès que l'on franchit cette lisière, la marche est plus facile. En cheminant dans la pénombre de la forêt, on rencontre peu de fleurs. Dans les rares endroits dégagés où la lumière pénètre, seuls quelques buissons et plantes herbacées* fleurissent. Le sous-bois est pauvre en espèces végétales, pourtant c'est lui qui supporte tout l'écosystème* forestier.

■ La pénombre

Le sol est couvert d'une couche de plantes herbacées basses, très pauvres à cause du manque de lumière. Moins de 1 % des rayons solaires pénètre jusqu'à terre. Dans de telles conditions, les plantes à feuilles vertes ne peuvent guère se développer.

■ Les plantes et plantules*

Dans cette semi-obscurité serpente un dédale de racines. Sur la litière de feuilles mortes poussent quelques plantes de sous-bois aux fleurs discrètes. Ces plantes utilisent le peu d'énergie lumineuse qui arrive jusqu'à elles, grâce à leurs feuilles. Elles sont larges et étalées, afin de capter le maximum de lumière. Çà et là se dressent de jeunes pousses d'arbres.

■ Les décomposeurs

La chaleur et l'humidité favorisent la croissance des champignons, des bactéries et des moisissures. Dans ces forêts, les plantes mortes et les matières animales

se décomposent vite. Des champignons "saprophytes" digèrent ces matières végétales ou animales mortes, et produisent de l'humus disponible pour d'autres plantes. Les champignons "mycorhiziens", eux, fabriquent des nitrates* à partir de l'azote prélevé au sol, qu'ils injectent dans les racines de certains arbres et qui sont nécessaires à leur croissance.

Faire pousser un ananas

Choisis un ananas mûr pourvu d'une belle touffe de feuilles bien vertes. Découpe-le sur 3 cm de haut, mange la partie basse, et pose le reste sur un lit humide de terre de jardin. Arrose régulière-ment, 1 à 2 fois par semaine selon la température de la pièce. Au bout de quelques semaines, tu verras les feuilles pousser, ce sera le signe qu'il s'est enraciné. Patience...

LA VIE À TOUS LES ÉTAGES

L'Amazonie est un univers à trois dimensions. Le randonneur doit apprendre à lever la tête pour découvrir toutes les richesses de ce milieu. À son niveau, le sous-bois obscur est habité par des animaux de couleur sombre, amis de la chaleur et de l'humidité. Plus haut, la voûte forestière lumineuse abrite la grande majorité des animaux. Certains ne descendent jamais vers les étages inférieurs ou sur le sol. Enfin, tout au sommet, sur la canopée, on trouve les animaux parés des couleurs les plus vives.

1 DYNASTE HERCULE

2 COATI ROUX

3 DENDROBATE

4 OCELOT

5 AÏ

6 SERPENT À PERROQUETS

7 SINGE HURLEUR ROUX

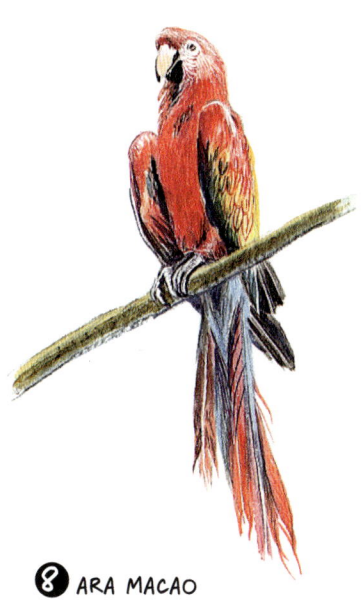

8 ARA MACAO

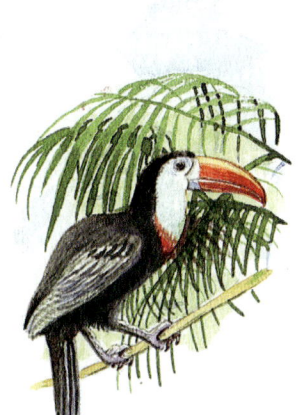

9 TOUCAN À BEC ROUGE

Les quatre étages de la forêt amazonienne

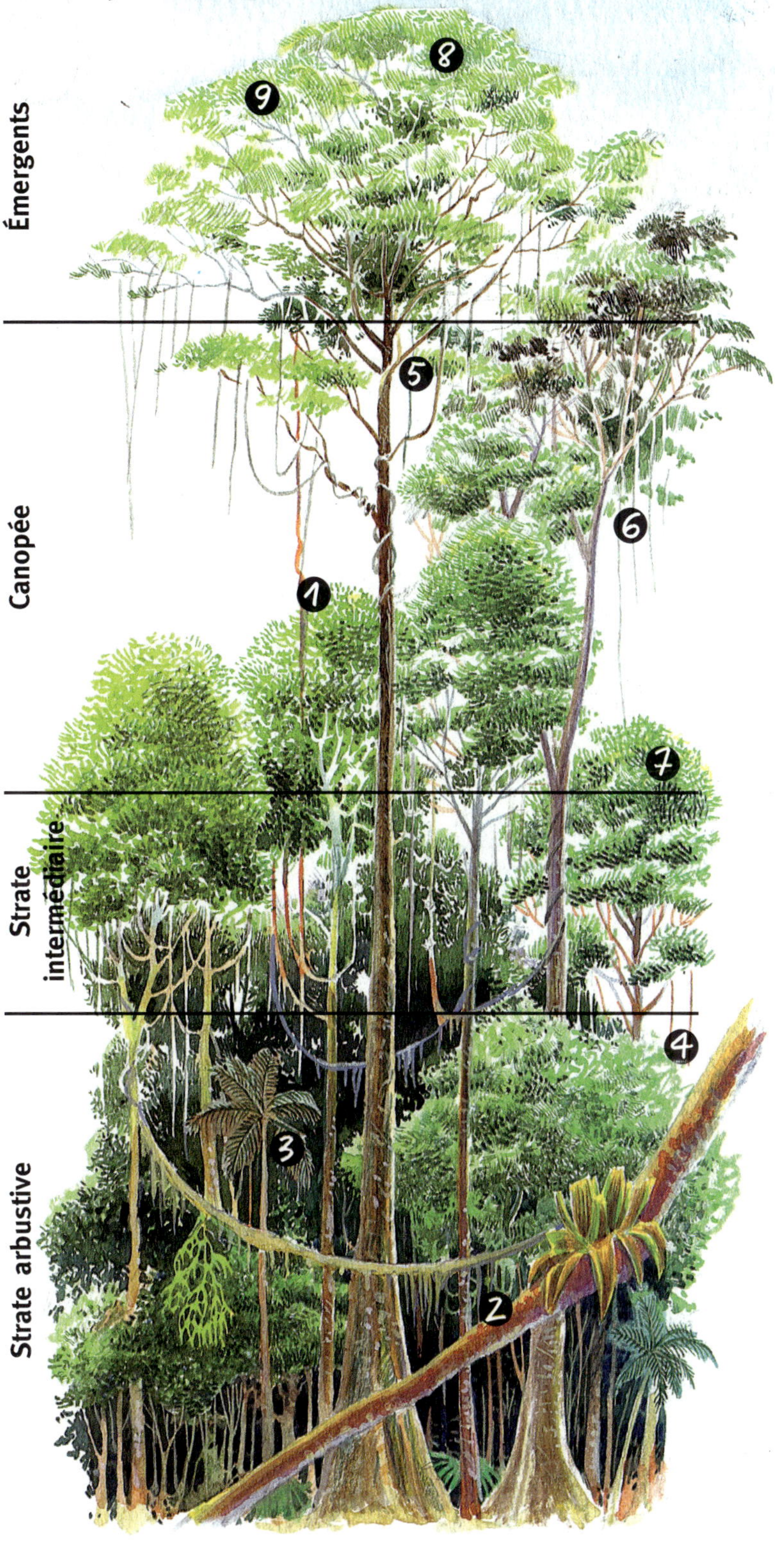

Émergents
Canopée
Strate intermédiaire
Strate arbustive
1
2
3
4
5
6
7
8
9

LA LUTTE POUR LA LUMIÈRE

Certaines plantes du sous-bois attendent des années pour accéder à la lumière. Les jeunes arbres végètent, tandis que les lianes accumulent des réserves d'énergie jusqu'à ce qu'une occasion se présente. Il suffit qu'un vieil arbre tombe et provoque un chablis (une trouée) dans le sous-bois pour qu'aussitôt, une course de vitesse s'engage afin d'occuper l'espace disponible.

■ Les lianes et les plantes grimpantes

L'épais manteau de végétation de la forêt est tissé de lianes. Certaines ressemblent à un câble tendu. D'autres rampent sur le sol et s'enroulent en tire-bouchon jusqu'à atteindre un tronc où elles s'accrochent. Ces lianes ne déploient leurs premières branches qu'au niveau de la voûte. Dans la lumière, elles se couvrent enfin de feuilles et de fleurs.

Pour atteindre la canopée, les plantes grimpantes sont équipées de fouets, de serres, de crochets,

de substances collantes ou de ventouses.

■ L'assaut vers le ciel

Ici, un arbre est tombé. Le paysage change du tout au tout. Le grand puits de lumière permet aux jeunes arbres, aux lianes et aux plantes herbacées de se développer plus vite. Ce sont tout d'abord les arbres pionniers qui poussent, des essences de pleine lumière. Ils seront remplacés quelques années plus tard par des arbres d'ombre, à croissance plus lente et à vie plus longue. Les plantules* des arbres pionniers ne peuvent pousser qu'à la faveur des trouées de lumière. Elles attendent parfois plus de dix ans l'occasion de s'élancer vers la canopée.

LE RÔLE DES CHABLIS

Le cycle vital de la forêt est soumis à toutes sortes d'accidents naturels. La forêt subit des intempéries et des glissements de terrain. Au fil des ans, les vieux arbres géants se dégradent et s'effondrent.

Partout on entend le bois qui éclate. Ici, une plante grimpante craque, comme un élastique trop tendu qui va céder. Plus loin, un tronc fend la canopée, entraînant dans sa chute une avalanche de plantes, d'animaux et de débris. Les arbres qui tombent créent des gouffres dans cet océan de feuilles. Ces vides permettent à la forêt d'Amazonie de conserver sa richesse. Une mosaïque d'espèces différentes profite du chablis pour naître et grandir.

AU ROYAUME DES FOURMIS

Discrète et infatigable, bel insecte aux mœurs étranges, la fourmi est passionnante à étudier. On la trouve en abondance en Amazonie, où elle joue un rôle essentiel dans la transformation des matières organiques et dans la chaîne alimentaire. Voici quelques spécimens captivants...

Les fourmis champignonnistes

Les fourmis Attinés cultivent des champignons dont elles font leur repas. Malgré leur petite taille, elles ne passent pas inaperçues dans la forêt. Elles se déplacent en longues colonnes de porteurs, chaque individu soulevant un débris de feuille au-dessus de sa tête. Les feuilles sont transportées jusqu'à la fourmilière. Là, les ouvrières les réduisent à l'état de pâte spongieuse, qu'elles disposent dans des chambres spéciales

parfois longues de 1 m
et larges de 30 cm.
Sur cette pâte vont
pousser des champignons.
Les colonies de ces
fourmis se composent
souvent de quelque
600 000 individus,
et occupent plusieurs
centaines de mètres carrés.

Les fourmis légionnaires

■ Le labeur des ouvrières

Pendant la période de
nomadisme, les ouvrières
portent les jeunes larves
qui viennent d'éclore, et
chassent pour les nourrir.
Quand les larves arrivent
à maturité, elles filent
leurs cocons et se trans-
forment en nymphes.
Alors la migration
s'interrompt. La colonie
entre dans sa phase
sédentaire ; la reine
peut pondre de nouveau.
Ces redoutables fourmis
légionnaires s'attaquent
à tout ce qu'elles
rencontrent sur leur
chemin. Grimpant aux
arbres, elles tuent
au nid les jeunes oiseaux.
Au sol, elles massacrent
lézards et petits mammi-
fères. S'il croise leur large
colonne, même le
randonneur doit les
contourner, car elles
auraient vite fait
de le prendre pour cible !

■ Migration incessante

Ces fourmis sont séden-
taires* une vingtaine
de jours, puis jouent
aux nomades pendant
17 jours. À cette période,
elles bivouaquent chaque
nuit dans un site diffé-
rent. Pendant ces haltes
nocturnes, la colonie,
qui se compose parfois
de 160 000 individus,
forme une sorte de nid
avec ses galeries et
ses chambres. La partie
centrale du nid est
occupée par la reine.
Son rythme de ponte
conditionne les
déplacements.

LES INVERTÉBRÉS DE LA LITIÈRE

Dans les fouillis de lianes, d'arbres creux et sous les feuilles mortes vivent des milliers d'invertébrés : blattes, vers, iules, scorpions, cloportes et autres araignées, sans compter les termites. Il est difficile de les remarquer, tant ils savent se faire discrets.

■ Le scolopendre

Doté de vingt et une paires de pattes, cet invertébré mesure une vingtaine de centimètres. Dissimulé le jour sous une pierre plate ou une écorce, il quitte son abri dès que la nuit tombe et part en quête d'insectes, vers ou mollusques. Le scolopendre injecte à ses proies un venin mortel.

■ La néphile

Cette araignée se reconnaît à ses grosses touffes de poils sur les pattes. Elle construit en forêt de très grandes toiles,

■ La mygale

Son corps mesure de 5 à 6 cm mais avec ses longues pattes, elle paraît très impressionnante. La mygale chasse surtout les insectes et leurs larves. Elle tue ses victimes avec un venin mortel, qui liquéfie* leur chair. Les grandes araignées peuvent se rendre maîtresses de petits geckos, de petites grenouilles ou même d'oisillons.

parfois de plus de 1 m de diamètre. Papillons, mouches et autres insectes volants s'y laissent prendre.

Le bourdon terrestre

En forêt tropicale, la plupart des bourdons font leurs nids dans les arbres. Le bourdon terrestre, lui, construit un nid souterrain sous

un grand dôme de feuilles, rameaux, tiges. Il est défendu par des ouvrières très agressives vis-à-vis de tout intrus.

Les termites

Ils jouent un rôle essentiel dans le recyclage de la matière organique qu'ils transforment en terreau, matière nutritive nécessaire à la croissance des végétaux. Fuyant la lumière du jour, ils construisent de petits tunnels de bois mâché pour se déplacer.

La mante-feuille

Adulte, cet insecte se repose ailes repliées. Quand il est menacé par un oiseau, il déploie si brusquement ses ailes que le volatile, effrayé, s'enfuit.

L'ARBRE ET LA FOURMI

Certaines plantes sont capables d'assurer la nourriture et le logis aux fourmis. En échange, ces dernières offrent leur protection rapprochée. C'est ce qui s'appelle la myrmécophilie, une association à bénéfice réciproque entre une plante et des fourmis. L'imbauba, un arbre pionnier d'une quinzaine de mètres, a réussi ce mariage étonnant avec des fourmis du genre Azteca !

◼ Un arbre très apprécié

L'imbauba appartient à la famille des moracées, qui comprend aussi les figuiers. Contrairement à ses cousins, il n'a pas de latex dans sa sève. Or le latex est une substance répulsive* qui protège les branches et le feuillage de l'appétit des animaux. Il empêche aussi la croissance des plantes grimpantes. Sans latex, le feuillage de l'imbauba est donc comestible.
Il fait le régal des singes et des paresseux. Et les plantes grimpantes monteraient vite à l'assaut de son tronc, s'il n'y avait...

◼ Des gardes du corps efficaces

Lorsque l'arbre est menacé, il contre-attaque en appelant en renfort ses gardes du corps : les fourmis Azteca.
La fourmilière se trouve dans les branches creuses de l'arbre. Les fourmis

L'imbauba

y élèvent des cochenilles, qui sécrètent pour elles un miellat* très apprécié. Mais l'arbre les nourrit aussi. Ses feuilles offrent des gouttes de nectar suintant d'organes spéciaux. Et des capsules riches en protéines et en sucres sont situées à la base des tiges. L'imbauba est le seul à produire ces substances dont les fourmis raffolent ! En échange, elles surveillent l'arbre avec vigilance. Elles coupent les vrilles et les crampons des plantes envahissantes, et chassent ou éliminent les insectes dévoreurs de feuilles.

■ Des signes de bonne santé

On a relevé dans les imbaubas envahis par les fourmis Azteca des taux bien plus élevés de calcium, d'azote et de phosphore que dans ceux qui en sont dépourvus. Ce curieux mariage permet à l'arbre de croître de 2,50 m par an ! Il atteindra ainsi plus vite sa hauteur maximale, c'est-à-dire 20 m.

■ Drôles de nid !

En forêt tropicale, les fourmis utilisent un grand nombre d'espèces d'arbres pour établir leur nid. Les fourmilières se trouvent dans les cavités naturelles de végétaux, dans les trous faits par des insectes mangeurs de bois, ou dans les épines creuses de certains acacias. D'autres encore fabriquent des nids suspendus.

Capsule

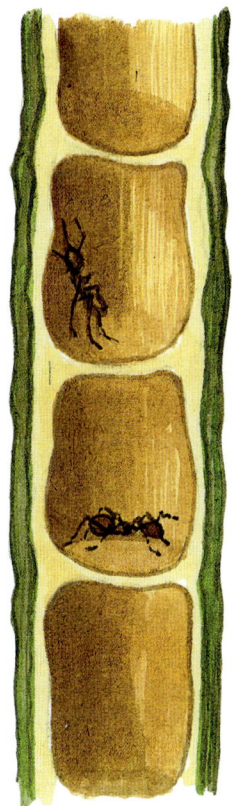

Intérieur

Extérieur

LES OISEAUX INSECTIVORES

Les oiseaux insectivores sont très nombreux. En sécurité sur leur perchoir, ils guettent leurs proies et se régalent des insectes qui passent à portée de bec. Ils forment aussi des rondes qui volettent dans la forêt.

■ Le tétéma coq-de-bois

Cet oiseau vit surtout sur la terre ferme. Il se tient à terre ou à quelques mètres du sol, seul ou en groupes familiaux. Son chant profond et mélodieux s'imite facilement.

■ Le jacamar à bec jaune

Sa livrée est aussi scintillante que celle des oiseaux-mouches. Avec son bec pointu et allongé, il chasse les libellules et les grands papillons.

■ Le grand momot

Proche parent des martins-pêcheurs, cet oiseau coloré (ci-dessus) vit en couple pendant toute l'année. Souvent, les deux partenaires se posent sur une branche et guettent gros insectes ou petits lézards. Les fruits complètent leur nourriture.

■ Le batara amazonien

Cet oiseau suit les colonnes de fourmis légionnaires et mange les insectes dérangés par elles. Il effectue sa recherche alimentaire, seul ou en couple, dans la strate intermédiaire* de la forêt.

■ Le fourmilier manikup

Il forme des rassemblements de plusieurs dizaines d'individus autour des nappes de fourmis légionnaires, et se régale des invertébrés qui les fuient.

■ Le grimpar de Souleyett

Grâce à ses pattes robustes terminées par des ongles puissants et à sa queue sur laquelle il prend appui, il grimpe le long des troncs. Il se nourrit d'insectes cachés dans les interstices.

■ L'engoulevent pauraqué

Sous le couvert de buissons épais, la femelle pond sur les feuilles mortes de la litière un œuf unique rosé tacheté de rouge.

LA CHAÎNE ALIMENTAIRE

La forêt tropicale amazonienne est un écosystème beaucoup plus compliqué que celui de la forêt tempérée d'Europe. Plus qu'ailleurs, les organismes vivant dans le sol, ceux du tapis forestier, du sous-étage végétal et des différents étages supérieurs des arbres dépendent étroitement les uns des autres.

Producteurs primaires

Consommateurs primaires

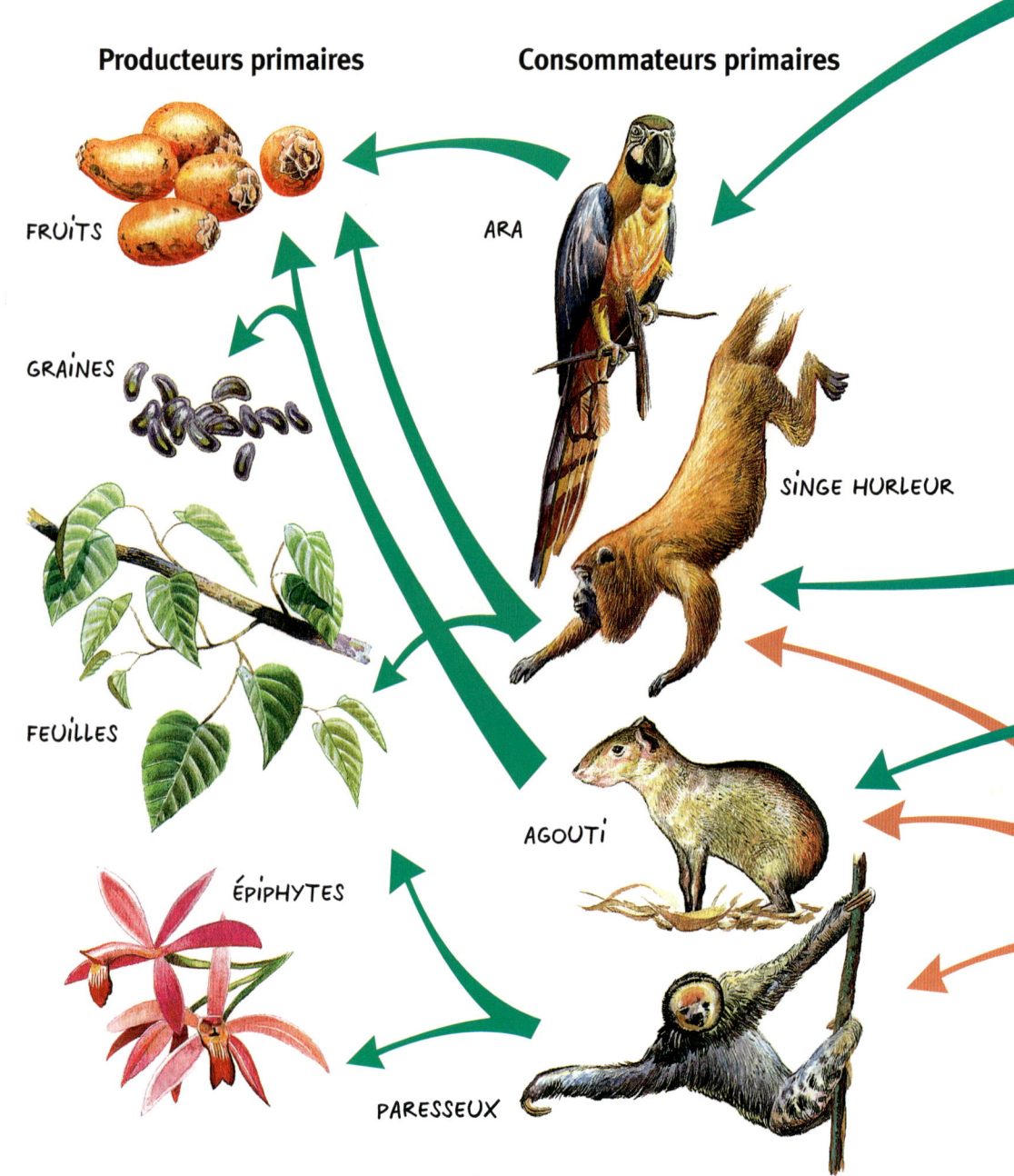

FRUITS

ARA

GRAINES

SINGE HURLEUR

FEUILLES

AGOUTI

ÉPIPHYTES

PARESSEUX

Consommateurs secondaires

Charognard

SERPENT À PERROQUETS

VAUTOUR PAPE

AIGLE HARPIE

PUMA

VAMPIRE

➤ mange
➤ suce le sang de
➤ mange le cadavre de

LES MAMMIFÈRES TERRESTRES

Insectes, graines, noix, fruits, la litière de la forêt accueille tout ce qui vit au sol, sans compter ce qui y tombe. Une aubaine pour les mammifères terrestres qui fouillent, nuit et jour, le sol de cette immense cathédrale de verdure.

■ Le tatou à neuf bandes

Un intrus tapageur fouille en grognant dans les feuilles mortes ? Pas de doute, c'est le curieux tatou à neuf bandes. Ce mammifère attrape les termites et les fourmis avec sa langue gluante, et ses fortes griffes lui permettent de creuser le sol. Sa cuirasse en corne, munie d'écailles articulées, le protège des agressions.

■ Le pécari à collier

Il vit en hardes qui peuvent compter jusqu'à cinquante individus, et se nourrit de fruits tombés, de racines et de petits invertébrés. Son groin sensible et ses défenses courtes, poussant vers le bas, sont des outils parfaits pour fouiller le sol.

■ Le tapir terrestre

Le tapir (à droite) recherche la forêt marécageuse et les bords de rivière. Ce mammifère à la peau très épaisse adore l'eau et la boue, et s'y réfugie à la moindre alerte. Il se nourrit la nuit de toutes sortes de végétaux : plantes aquatiques, feuilles et brindilles. Avec sa petite trompe, il porte l'herbe à sa bouche.

L'agouti

Le paca

Mâle et femelle partagent le même territoire. Formant pourtant un couple, les animaux se reposent dans des terriers différents la journée, et recherchent séparément leur nourriture à la nuit tombée.

Il s'active surtout le matin et en fin d'après-midi. Ce gracieux rongeur est le véritable jardinier de la forêt. Quand la nourriture se fait rare, il recueille des noix et les enterre une à une. Ainsi, il participe à la dissémination des graines.

Le tamanoir

Le tamanoir, ou grand fourmilier, possède une silhouette allongée. Son museau et sa langue visqueuse interminable (près de 1 m de long !) lui permettent d'explorer fourmilières et termitières. Il n'y prélève qu'une centaine d'insectes avant de passer à une autre fourmilière. Ainsi, chaque colonie de fourmis peut se reconstituer : un moyen habile de préserver son garde-manger !

LES OISEAUX DU SOUS-BOIS

Dans la forêt amazonienne, des dizaines d'espèces d'oiseaux peuplent le sous-bois. Ils prennent d'assaut la strate arbustive, se disputent graines et fruits, et trouvent mille cachettes pour nicher.

■ Le grand hocco

Cet oiseau vit seul ou en couple. Il se perche dans les arbres pour dormir. Il chante surtout le jour, mais aussi les nuits de pleine lune.

■ L'agami

■ Le coq de roche

Le mâle (ci-dessus) arbore un plumage orange éclatant, la femelle (ci-contre) une robe marron plus discrète. Elle construit seule son nid dans un endroit sûr.

C'est dans un nid caché au creux d'un arbre que cet oiseau noir pond des œufs tout blancs ! Son cri très puissant résonne à des kilomètres de distance.

■ Le tinamou

Cet oiseau (ci-contre) niche au sol. Grâce à sa couleur sombre, il se confond avec le tapis de feuilles mortes. Ainsi il peut couver en sécurité ses deux œufs.

■ L'ortalide motmot

Cet oiseau se nourrit de fruits pulpeux. Le mâle a la tête bleu vif, un plumage beige mêlé de roux et de noir, et une longue queue. Quant à la femelle, elle arbore les couleurs du sous-bois.

■ La colombe à front gris

Elle consomme les fruits des plantes basses, à proximité des lisières ou des grands chablis. Sur une frêle plate-forme de brindilles, à 2,50 m du sol, elle pond deux œufs de couleur crème.

■ La coracine chauve

Elle mange une très grande variété de fruits, mais capture aussi dans le sous-bois de grosses sauterelles ou des cigales. Les mâles paradent sur des places de chant ou "arènes", situées dans les hautes branches des arbres.

LA PARADE DU COQ DE ROCHE

La parade des coqs a lieu dans les sous-bois éclairés par des chablis proches. Là se rassemblent de nombreux oiseaux des deux sexes. Les mâles défendent leur périmètre personnel : un endroit au sol ou sur une branche où les rayons du soleil éclairent leur plumage. Ils se livrent à un enchaînement lent de postures. À tour de rôle, ils déploient leurs ailes et leur queue en éventail. Ils s'inclinent vers l'avant, puis sautillent sur place. Ce manège a pour objet de séduire les femelles spectatrices qui assistent, aux alentours, à ces étranges parades d'intimidation.

UN KALÉIDOSCOPE DE BATRACIENS

Chaleur et humidité favorisent la présence et le développement des batraciens. Ces vertébrés sont particulièrement nombreux dans tout le bassin amazonien. Comme d'autres animaux de la forêt tropicale, ils manifestent une tendance plus nette à la vie arboricole* que dans les régions tempérées.

■ La rainette beuglante

De la taille d'une grosse main ouverte, cette rainette vit le long des fleuves. Dans une eau stagnante peu profonde, le mâle construit avec de la boue de petits bassins aux parois élevées et lisses. Là se produisent l'accouplement, la ponte et le développement des têtards à l'abri des poissons carnivores.

■ La grenouille-singe

Elle dépose ses œufs sur une feuille repliée, à la surface d'une mare. Grâce à ses pouces indépendants des autres doigts et terminés par des disques adhésifs, elle se déplace agilement de branche en branche.

La grenouille marsupiale

La femelle peut transporter, grâce à la poche qu'elle a sur son dos, une bonne cinquantaine d'œufs.

Le crapaud du Surinam

Il se nourrit de vers et

de larves trouvés dans la vase des cours d'eau. La femelle transporte ses œufs dans des poches dorsales.

Le dendrobate

Au moment de la reproduction, les dendrobates, familiers de l'étage intermédiaire de la forêt, descendent à terre pour s'accoupler et pondre. Le mâle reste près des œufs, puis déplace les têtards en les portant sur son dos. Au bout de deux semaines, il les dépose dans une eau tranquille.

Le crapaud géant

Venimeux, il peut dépasser les 20 cm. Pour se défendre des prédateurs, il gonfle ses poumons et intimide ses agresseurs en se penchant vers eux. Il peut aussi projeter sur eux une sécrétion toxique, produite par des glandes situées sur sa tête.

MESSAGE EN COULEURS

Les dendrobates sont parés de couleurs vives, une façon d'avertir oiseaux et petits mammifères qu'il vaut mieux ne pas les manger. Leur peau sécrète un venin très actif aux propriétés paralysantes. Si un carnassier ou un rapace attrape cette proie facile, il paie aussitôt son erreur de violentes crampes intestinales, dont il se souviendra longtemps.

LES MAMMIFÈRES CARNIVORES

Toutes tailles confondues, les prédateurs sont inférieurs en nombre aux espèces animales dont ils se nourrissent. Indispensables à la chaîne alimentaire, ils règnent sur un espace vital important. Les mammifères carnivores forment une grande partie de ce groupe.

■ Le jaguar

C'est le plus grand félin d'Amérique. Sa taille, queue comprise, peut dépasser les 2 m. Puissant, amateur de grands espaces, il est aussi à l'aise dans la végétation forestière qu'aux abords des cours d'eau. Chassé pour sa fourrure, menacé par la réduction de son habitat, il constitue aujourd'hui une espèce vulnérable.

■ L'ocelot

Ce félin (ci-dessous) de plus de 1 m de long se tient surtout à la cime des arbres. Excellent grimpeur, il se déplace avec adresse dans les branches et fond sur les oiseaux, les petits mammifères et les iguanes.

■ Le jaguarondi

Une fois adulte, ce félin perd les taches de son pelage. Il chasse les batraciens, les reptiles ou les poissons de préférence à l'aube et au crépuscule.

Le tayra

Cet animal de la famille des martres se nourrit de petits vertébrés. Il niche dans des trous d'arbres, près du sol.

ATTAQUE MORTELLE

Les mammifères prédateurs disposent d'impression-nantes armes pour attraper leurs proies. Ils possèdent des sens très développés, en particulier la vue, l'odorat et l'ouïe. Grâce à eux, ils sont efficaces, discrets et précis dans leurs chasses. Lorsqu'ils attaquent un petit animal, ils plantent leurs canines dans sa nuque. La proie meurt généralement sur le coup. Si celle-ci a une taille respectable, le prédateur la saisit par la gorge pour l'étouffer. Puis il l'emporte la plupart du temps dans un coin désert pour la dévorer en paix.

Le coati roux

Cousin du raton laveur, le coati grimpe avec agilité dans les arbres et se déplace vite au sol, queue dressée. Il vit en petites troupes composées de plusieurs femelles avec leurs petits. Son museau est très mobile. Il dévore tout : lézards, petits mammifères, vers de terre et même des œufs.

Le puma

Les petits, qui naissent cachés dans un gîte, sont recouverts d'une fourrure tachetée. Plus tard, leur pelage devient uni. Le puma sait grimper aux arbres mais rechigne à cet exercice, sauf en cas de nécessité. Comme il ne raffole pas non plus de l'eau, on le trouve surtout en terrains secs.

LES CHASSES DU JAGUAR

Plutôt nocturne, le jaguar chasse des proies variées de préférence à terre.
Chasseur mais aussi pêcheur, il fait preuve d'une parfaite maîtrise technique.
Opportuniste et doté de crocs redoutables, il ne boude aucune source
d'alimentation possible.

■ Un menu varié

Capable de terrasser un tapir ou un capybara, le jaguar se contente d'un pécari, d'un paca ou d'un agouti lorsqu'une occasion favorable se présente. De tous les singes, seul le kinkajou est capable de lui résister : il se défend grâce à sa denture très coupante. Dans l'eau, le jaguar pêche les poissons et attrape aussi de jeunes caïmans.

■ Les tactiques de chasse et de pêche

Le jaguar est spécialiste de l'affût. Il se poste sur le passage de proies dont il connaît les habitudes.

S'il surprend par hasard un animal au cours de ses déplacements, il s'approche sans être vu et fond sur lui. Si la proie est petite, il l'assomme et lui brise le crâne ; si elle est plus grosse, il rompt ses vertèbres cervicales. Si l'animal échappe à sa première attaque, il le traque sans relâche jusqu'à trouver le moment le plus propice. Au bord de l'eau, le jaguar attend patiemment qu'un poisson passe à sa portée et, d'un coup de patte, toutes griffes dehors, il s'en saisit. L'eau ne l'effraie pas : contrairement au puma, il peut traverser un fleuve sans difficulté.

◾ La consommation des proies

Les carapaces de tortues ne le rebutent pas. Quand elles mesurent plus d'une trentaine de centimètres, il extrait la chair par l'orifice antérieur et décalotte les petites tortues avec ses dents, comme s'il se servait d'un ouvre-boîte. Généralement, le jaguar ne mange pas sa proie à l'endroit de la capture. Il préfère emporter sa victime dans un lieu où il pourra la dévorer en toute tranquillité et dissimuler les restes sous des feuilles ou des branches, jusqu'au lendemain.

◾ Le territoire

Le domaine vital de ce grand prédateur dépend de l'abondance du gibier. Sa superficie peut varier entre 5 et 500 km². Le domaine d'un mâle ne recouvre pas celui d'autres mâles. En revanche, il accueille plusieurs femelles. Quand le rythme des pluies transforme le sous-bois en un véritable bourbier, le jaguar trouve refuge dans les arbres. Son agilité lui permet d'y vivre pendant plusieurs semaines.

LE SILENCE DES SERPENTS

Exclusivement carnivores, les serpents se nourrissent d'animaux vivants ou de leurs œufs. Leur tête étroite ne les empêche pas d'engloutir de très larges proies. Certains adorent l'eau, d'autres préfèrent la discrétion des feuillages.

■ L'anaconda

Dépassant les 6 m, c'est l'un des plus gros serpents du monde par son diamètre et son poids. Les narines, au-dessus de son museau, lui permettent de respirer presque immergé. Ainsi, il se dissimule aisément dans l'eau pour guetter les animaux qui viennent boire. Il n'hésite pas à attaquer jaguars ou caïmans, qu'il avale entiers !

■ Le boa constricteur

Ce reptile (ci-dessous) épie ses proies à l'ombre des feuilles, et les étouffe avant de les avaler. Les petits vertébrés, tels que les oiseaux et les rats, composent son menu ordinaire.

■ Le serpent à perroquets

Exclusivement arboricole*, ce boa chasse surtout les oiseaux. Le jour, il se dissimule dans la voûte des arbres. La nuit, il se met en chasse.

■ Le serpent corail

Il ne faut pas se fier à la belle livrée du serpent corail (ci-dessous) : sa morsure est mortelle pour l'homme ! Il habite le sous-bois. Au crépuscule, il visite les crevasses et les trous d'arbres pour dénicher de petits lézards et d'autres serpents.

Le serpent liane

Difficile à distinguer dans la végétation, ce serpent (ci-contre) est grand amateur de lézards, de batraciens et de leurs œufs.

Le grage petits carreaux

Il se déplace au sol et traque ses proies préférées, rongeurs ou batraciens. Venimeux, ce crotale possède au bout de la queue des cônes qui font un bruit de crécelle.

Le faux corail

De la famille des couleuvres, ce serpent de 85 cm chasse les lézards la nuit. Il imite les couleurs du serpent corail pour se défendre des prédateurs, mais il est inoffensif. Un moyen pour le différencier : sur sa peau, la bande jaune est mêlée de noir.

Le boa arc-en-ciel

Ce serpent aux mœurs terrestres a des écailles aux reflets irisés. Il passe inaperçu aux yeux de ses proies, petits rongeurs et oiseaux.

EMPOISONNEURS OU ÉTRANGLEURS ?

Les serpents qui se nourrissent d'animaux dépourvus de défenses (comme les grenouilles) avalent leur proie vivante après l'avoir mordue. Mais les autres tuent leurs victimes de deux manières avant de les engloutir. Les serpents constricteurs asphyxient la proie en l'enserrant de leurs anneaux musclés. Les serpents venimeux possèdent des glandes salivaires transformées en glandes à venin ; avec leurs dents modifiées en crochets, ils injectent ce poison dans la victime.

LES ARBRES DE TERRE FERME

La forêt de terre ferme recèle une diversité incroyable d'espèces d'arbres. Tailles, fleurs et fruits se déclinent à l'infini. Sur un seul hectare de forêt, on compte deux à quatre cents espèces d'arbres, appartenant à plus de quarante familles végétales.

■ Le châtaignier du Brésil

C'est un arbre au tronc vigoureux et à grande couronne. Il peut atteindre (comme ci-dessus) 40 m de haut. Il porte des feuilles oblongues de 60 cm de long. Ses fruits, sortes de capsules dures et sphériques, pèsent environ 3 kg et font 30 cm de diamètre.

■ Le wacapou

Cet arbre à bois très dur et imputrescible* préfère les terrains secs. Son tronc se reconnaît à ses contreforts à côtes plus ou moins arrondies, qui s'élèvent jusqu'à 4 m.

■ L'hévéa

Cet arbre à l'écorce lisse gris clair (ci-dessus) atteint une trentaine de mètres. Il porte des feuilles lobées et des fleurs vert pâle. Ses fruits en forme de capsules éclatent à maturité. De chaque fruit, trois graines sont projetées à une vingtaine de mètres.

DES FEUILLES QUI SE RESSEMBLENT

Pour reconnaître un arbre en forêt tropicale, observer ses feuilles n'est pas d'un grand secours. Seul l'examen des fleurs et des fruits par un botaniste permet l'identification certaine d'une espèce. En effet, les arbres se sont adaptés aux conditions du milieu. La plupart de leurs feuilles, ovales, se terminent en pointe (acumen) pour faciliter l'écoulement de l'eau de pluie. Cette forme limite le développement des moisissures ou des lichens qui gêneraient la respiration de la feuille.

■ Le cumaru, ou gaïac de Cayenne

Sa cime est généralement arrondie, et son tronc élancé est sans contreforts. Au fil des années, son écorce gris cendré se détache par plaques, épaisses de 2 à 5 cm.

■ L'arbre à boulet de canon

Ce grand arbre porte des fleurs et des fruits en toute saison. Ses fleurs rosées (ci-contre) sont disposées en épis, principalement sur le tronc et aux extrémités des branches. Ses fruits sphériques (détail ci-contre) peuvent peser 8 kilos.

LES FILLES DE L'AIR

La forêt d'Amazonie est une serre géante. En levant les yeux, le randonneur verra des arbres au tronc parsemé de plantes épiphytes* : les filles de l'air. Leurs feuilles et leurs fleurs offrent une variété étonnante de formes et de couleurs. Ces plantes ne sont pas des parasites, l'arbre leur sert de simple support. L'eau et les minéraux indispensables à leur croissance leur parviennent du ciel. Toutes ont inventé d'ingénieux moyens pour retenir l'eau de pluie.

Fais pousser tes épiphytes

Tu as besoin d'un grand pot de terre cuite, de pierres, de plâtre à prise rapide, d'une branche morte, de sphaigne (mousse des marais disponible chez l'herboriste), de fil de fer et de quelques plantes épiphytes bon marché. Cale ta branche dans le pot avec les pierres, puis coule le plâtre à l'intérieur. Aux intersections de la branche, place tes épiphytes enveloppées de sphaigne en fixant le tout avec du fil de fer. Il te suffit de les brumiser d'eau tous les jours, pour voir bientôt naître ton jardin exotique.

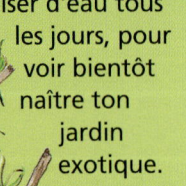

Les broméliacées

Comme l'ananas qui appartient à cette famille, elles ont des feuilles disposées en rosette. Dans ce creux aménagé en citerne, l'eau et des débris végétaux de toutes sortes s'accumulent. La décomposition des débris nourrit la plante en sels minéraux.

Les cactées

Leur tige plate, à paroi imperméable, est riche d'une gelée qui fixe l'eau. Ainsi les cactées peuvent survivre avec un faible apport d'eau, et se satisfaire du terreau formé sur les amas de branches où elles poussent.

■ Les orchidées

Leurs racines sont mêlées en un tapis serré qui retient les débris végétaux et constitue un sol nourricier. La surface des racines capte l'humidité. La membrane des feuilles empêche les déperditions d'eau. L'orchidée met parfois sept ans pour fleurir !

FOURMIS FLEURISTES

Les fourmis Camponotus et Crematogaster partagent souvent la même fourmilière : un grand nid de feuilles mâchées, de 1 m de diamètre, qu'elles bâtissent dans la couronne des arbres. Ces deux espèces de fourmis se nourrissent de graines que les ouvrières apportent au nid. De temps en temps, certaines graines oubliées parviennent à germer. On voit alors de petites plantes épiphytes former, en pleine fourmilière, un véritable jardin miniature.

LA DISSÉMINATION DES PLANTES

Même si elles savent ramper au sol ou s'élever vers les cimes, les plantes amazoniennes ont des possibilités limitées pour se déplacer. Pourtant, grâce à la dispersion de leurs graines, elles colonisent de nouvelles portions de forêt. C'est en forêt tropicale que le transport des graines par les animaux est le plus développé.

■ Par voie aérienne ou maritime

Près des cours d'eau se trouvent des arbres aux graines qui voyagent grâce au vent ou à l'eau. Dominant la canopée*, le kapokier disperse ses graines au vent. Chacune d'elles est fixée à une touffe de fibres légères qui flottent dans les airs. Les palétuviers, eux, ont des graines flottantes qui dérivent au gré des courants marins et fluviaux. Beaucoup d'arbres profitent des crues annuelles pour produire des graines et confier leur sort aux flots.

■ Des fruits attirants

En Amazonie, le transport des graines par de gros animaux est un mode de dispersion très courant. Ici, la majorité des espèces végétales produit des fruits charnus, c'est-à-dire une graine entourée d'une protection comestible, la pulpe. Certains fruits sont de petite taille et de couleur rouge ou noire, un moyen infaillible pour attirer les toucans. D'autres, plus gros, jaunes ou oranges, possèdent une pulpe juteuse et sucrée qui plaît beaucoup aux singes. Quant aux chauves-souris, elles raffolent des petits fruits verts des figuiers sauvages.

Les meilleurs alliés des gousses et des fruits de grosse taille sont les singes gourmands, qui se gavent des graines à la pulpe sucrée. Des poissons frugivores jouent aussi les transporteurs en emportant les graines en amont des cours d'eau.

◼ Un transport gratuit, plus ou moins rapide

La plupart des animaux frugivores avalent les graines avec le fruit et les expulsent plus loin, intactes, dans leurs crottes. Quelques-uns les sucent et les recrachent aussitôt. Parfois, elles sont "protégées" par un laxatif, comme dans la figue, qui accélère le transit intestinal. Ainsi, les graines ne risquent pas d'être attaquées par les sucs digestifs des animaux. Accrochées à leur fourrure, portées dans leur gueule ou excrétées après digestion, les graines sont souvent transportées loin de l'arbre qui les a produites.

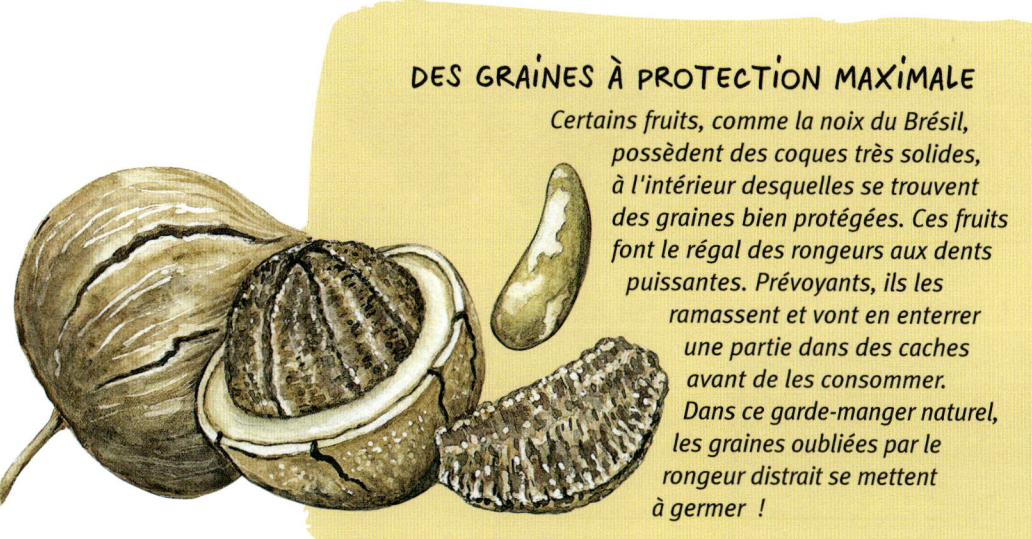

DES GRAINES À PROTECTION MAXIMALE

Certains fruits, comme la noix du Brésil, possèdent des coques très solides, à l'intérieur desquelles se trouvent des graines bien protégées. Ces fruits font le régal des rongeurs aux dents puissantes. Prévoyants, ils les ramassent et vont en enterrer une partie dans des caches avant de les consommer. Dans ce garde-manger naturel, les graines oubliées par le rongeur distrait se mettent à germer !

DES INSECTES ÉTONNANTS

Impossible de répertorier la multitude d'insectes de la forêt amazonienne sans faire de jaloux ! Les papillons comptent à eux seuls plus de deux mille espèces. Certains insectes se font remarquer par leur grande taille, d'autres par leur beauté spectaculaire, beaucoup par leurs mœurs étranges...

■ Le dynaste hercule

Ce coléoptère est l'un des plus grands du monde. Le mâle porte, sur son thorax, une puissante corne d'une demi-douzaine de centimètres. Ses larves vivent dans les bois morts des souches.

■ Le morpho
Les mâles, dont l'envergure atteint 18 cm, possèdent des ailes, ou élytres, extraordinaires. Le dessus est d'un bleu irisé presque irréel, le revers brun mat, garni d'ocelles, ou taches rondes.

■ L'arlequin de Cayenne
Il fait 8 cm de long et ses pattes antérieures mesurent jusqu'à 17 cm ! Caché dans la journée (à gauche) sous l'écorce décollée des arbres, il s'anime (à droite) au crépuscule.

■ Le bupreste

Ce magnifique coléoptère, long de 7 cm, porte des élytres moirés de rouge et de vert. La femelle pond ses œufs dans l'écorce des arbres, et ses larves se développent dans les troncs.

■ Le fulgore

Cette grande cigale peut atteindre 9 cm de longueur et 13 cm d'envergure.

Elle est surnommée "porte-lanterne" à cause de son front, dont la forme ressemble à celle d'une lanterne. La journée, elle se repose ailes repliées. Si elle est dérangée, elle les déploie brusquement et découvre ainsi deux grandes taches colorées qui effraient l'intrus.

■ L'héliconius

Ce papillon volette au-dessus des arbres et s'y repose en groupe. Il répand une odeur nauséabonde qui repousse nombre d'insectivores. Il pond ses œufs sur les plantes grimpantes.

DES FAUSSAIRES DE TALENT

Modèle original ou copieur inspiré ?

Les couleurs des héliconius sont imitées par un grand nombre de papillons. Les héliconius se protègent de toute agression par leur odeur repoussante ; certains sont même venimeux. Leur couleur noire, tranchant sur du brun orangé vif, se retrouve chez des papillons qui ne sont pas des héliconius, mais des mimes. L'imitation est si fidèle que seule une étude anatomique minutieuse permet de déceler les différences. Les faussaires bénéficient ainsi de la paix que les modèles originaux ont su conquérir.

LÉZARDS ÉNIGMATIQUES

Nocturnes ou diurnes, prédateurs ou herbivores, adorateurs du soleil ou de l'ombre, les lézards pullulent dans cet écosystème forestier. Les iguanes ne manqueront pas d'étonner le randonneur, car ces dinosaures en herbe semblent sortir du fond des âges.

L'iguane vert

Il se rencontre surtout au bord de l'eau, camouflé dans la végétation au-dessus des flots. Bougeant peu de son perchoir naturel, il mange de la verdure. Proie des rapaces et des félins vivant dans les arbres, il fuit par un plongeon dans l'eau, mais gare aux caïmans !

Le coléodactyle

L'uracentron

Ce lézard de 12 cm porte une queue courte, recouverte d'écailles saillantes et pointues. Il vit à la cime des arbres. Une grande partie de son mode de vie nous est encore inconnue.

L'anolis

Il recherche la pleine lumière sur la couronne des arbres. Ce lézard (ci-dessous) présente un museau court et des yeux proéminents. Le mâle porte sous le cou un fanon* de couleur, qu'il dresse pour défendre son territoire.

Il dépasse à peine 3 cm et pèse moins de 4 g ! Lorsqu'il s'enfuit, on pense avoir croisé un insecte. Ce lézard nain est l'un des plus petits vertébrés au monde. Il se nourrit d'invertébrés vivant dans la litière.

Le lézard coureur ponctué

Les femelles sont brunes et les mâles verts, mais tous deux portent

de belles rayures jaunes longitudinales. Près des rives à berges de sable, la femelle creuse son terrier pour pondre.

Le lézard-caïman

Familier des mangroves et des marécages, il ressemble beaucoup à un jeune caïman, d'où son nom.

GRIFFES ET PELOTES ADHÉSIVES

Les lézards circulent avec agilité dans la végétation. Certains ont des doigts munis de puissantes griffes grâce auxquelles

ils s'accrochent aux aspérités des branches. D'autres possèdent des lamelles adhésives. Tel est le cas des anolis aux doigts très longs, ou des geckos dont les doigts dilatés sont réunis à la base en palmure.

Le téju noir et blanc

Ce lézard terrestre, armé de redoutables mâchoires, s'attaque à toutes sortes de petites proies : des oiseaux, des lézards et des rongeurs.

Le gecko

Ce lézard aplati à la robe marbrée ne supporte pas la lumière du jour et attend la nuit pour sortir de sa cache : les contreforts ou l'écorce d'un arbre.

ACROBATES DE LA CANOPÉE

Les mammifères arboricoles évoluent dans la voûte forestière avec une rapidité stupéfiante. Pourtant, à cause de leur poids, toute chute serait mortelle. Mais certains ont trouvé un truc ! Des singes, des rongeurs, des édentés et des carnivores possèdent une queue préhensile qui joue bel et bien le rôle d'un cinquième membre. Elle leur permet de se tenir fermement aux branches.

brachiation : ils se tiennent uniquement par les mains, et avancent un bras après l'autre. Ils ne descendent jamais à terre. Quant aux paresseux, ils se déplacent avec lenteur et précaution. Mais il ne faut pas se fier à la nonchalance de leurs gestes : ce sont de purs acrobates. Dans les hautes frondaisons, ils se suspendent la tête en bas. Leurs griffes très développées leur servent de crochets et leur assurent des prises fiables sur les troncs.

Passer d'arbre en arbre

À plusieurs dizaines de mètres du sol, il serait trop fatigant de descendre jusqu'à terre pour se déplacer. Chaque animal a donc trouvé des moyens pour évoluer dans les airs sans se rompre le cou. Certains singes, comme les singes-araignées, marchent et sautent de branche en branche. Ils pratiquent la

L'anatomie des funambules

Les mammifères arboricoles sont beaucoup plus souples que leurs congénères terrestres. Ils s'agrippent aux obstacles naturels par les pattes. Jouant les équilibristes, certains utilisent leur queue préhensile pour saisir une branche ou une liane. D'autres, aux jambes nettement plus longues que les bras, exécutent des sauts spectaculaires. D'autres encore profitent de leurs bras démesurés qui permettent la brachiation.

❸

❹

QUEUES PRÉHENSILES

La prédominance des mammifères à queue préhensile en Amérique du Sud demeure, aujourd'hui encore, une énigme. Des chercheurs l'attribuent à la fragilité des lianes, qui ne facilitent pas la circulation entre les arbres. Certains singes, comme les singes-araignées, ont l'extrémité de la queue très sensible. Elle se finit par une sorte de mince appendice, aux ramifications nerveuses hyper-sensibles.

1. LE COENDOU
2. LE SINGE-ARAIGNÉE NOIR
3. LE TAMANDUA
4. LE KINKAJOU

LES MAMMIFÈRES ARBORICOLES

Jumelles aux yeux, le randonneur scrute la canopée pour découvrir les mammifères arboricoles. Si l'écureuil est facile à repérer grâce au cri d'alarme qu'il lance, il faut s'armer de patience pour trouver le paresseux. Même s'il colonise les frondaisons, son immobilité et la couleur de son pelage le rendent presque invisible.

■ L'aï ou paresseux

Ce végétarien a un régime à base de feuillage peu nourrissant. Mais son mode de vie est économe en énergie car il se déplace très lentement. Chaque semaine, il descend au sol pour faire ses besoins. Il creuse un trou, défèque dedans, puis le rebouche proprement.

■ Le coendou à queue préhensile

Ce porc-épic arboricole (ci-dessous) se nourrit de toutes sortes de fruits, qu'ils soient verts ou mûrs. Il se contente aussi de feuilles et d'écorces.

■ L'écureuil de Guyane

Il trouve sa nourriture le jour, aussi bien au sol que dans la végétation. Graines, fruits, noix, il aime tout ! Il vit souvent en solitaire, mais on peut le rencontrer en couple.

■ L'opossum laineux

Ce marsupial (à droite) utilise sa queue pour se déplacer dans les branches. Il mange principalement des végétaux et des fruits sucrés. Les invertébrés ne composent que 20 % de son menu.

Le kinkajou

Ce petit carnivore grimpe avec agilité aux arbres. 8o % de son régime est composé de fruits, surtout des figues. Il complète son repas par des insectes ou le nectar des fleurs : un régal !

Le tamandua

Ce fourmilier possède des griffes recourbées et acérées. Muni de ces véritables crochets, il grimpe aux arbres et éventre les termitières.

Apprends à regarder aux jumelles

Tout d'abord munis-toi de patience et d'une paire de jumelles (8 x 30). Pour regarder en l'air, assieds-toi ou, mieux encore, étends-toi sur un sac plastique. Bien installé, explore les arbres systématiquement de bas en haut en suivant les troncs et les branches, comme si tu dessinais chaque arbre de ton regard. Si quelque chose bouge, fixe la zone attentivement et attends sans faire le moindre bruit. L'animal va reprendre son activité dans quelques secondes : tu pourras alors l'identifier.

Le fourmilier pygmée

Ce fourmilier au pelage roux mesure une vingtaine de centimètres. Il passe la journée à dormir en boule dans le creux d'une branche. Il se déplace sur les branchettes et les lianes la nuit, à la recherche d'insectes, surtout de fourmis.

LES SINGES DU NOUVEAU MONDE

La trentaine d'espèces de singes d'Amérique du Sud vivent tous dans les arbres. Leur corps et leurs membres sont fins, leur queue longue et leurs pouces peu ou non opposables aux autres doigts. Ils diffèrent beaucoup en cela des singes d'Afrique et d'Asie.

■ Le capucin

Il se fond dans une troupe bruyante menée par un mâle. Cet amateur d'insectes pille aussi les nids pour s'emparer des œufs ou des oisillons. Malin, il écrase les fruits durs entre deux pierres pour en goûter la chair.

■ Le tamarin

Ce singe gracile explore en petits groupes les arbres à la recherche d'insectes et d'araignées. Il mange aussi des fruits sucrés, des pousses vertes et des graines.

■ Le hurleur roux

Végétarien, il vit en groupe d'une dizaine d'animaux dirigés par deux ou trois mâles adultes. Les membres de la troupe signalent leur territoire en poussant un cri puissant audible à plusieurs kilomètres.

■ Le singe-araignée

Il se déplace en se balançant avec ses bras et... sa queue. Ce singe est l'un des plus adroits à la cime des arbres. Fruits mûrs, feuilles et fleurs composent son menu.

■ Le singe laineux

Il mange des fruits, des noix de palme, un peu de feuilles et quelques invertébrés. Pour grimper, il s'aide de sa queue préhensile. Le mâle émet un cri sonore pour marquer les limites de son territoire.

Fais un affût aux frugivores

Pour construire ton affût, il te faut une vieille couverture de couleur neutre, un bâton droit et trouver deux arbres proches l'un de l'autre. Place-toi de préférence près d'arbres couverts de fruits. Fixe la couverture avec des ficelles aux deux troncs. Positionne le bâton au centre, sous la couverture. Découpe de petites ouvertures à différentes hauteurs et prends tes jumelles. Bien caché, observe les alentours : un visiteur ne va certainement pas tarder...

■ Le douroucouli

C'est le seul singe nocturne au monde. Il dort dans un arbre jusqu'au crépuscule et la nuit, explore la voûte des arbres. Le mâle s'occupe des petits dès qu'ils sont âgés de neuf jours et rejoint sa compagne pour les tétées.

LA GUERRE CHIMIQUE

C'est au niveau de la canopée, c'est-à-dire au sommet de la forêt, que se trouve la plus grande masse végétale. Ici, beaucoup de feuilles sont persistantes.

Au cours des années, elles accumulent une quantité importante de substances protectrices. Les animaux folivores — les mangeurs de feuilles — ont su s'adapter à cette nourriture peu calorique et pourtant souvent indigeste.

■ Attention aux lourdeurs d'estomac !

Les mammifères qui mangent beaucoup de feuilles, singes hurleurs (ci-dessous) et paresseux (à droite), possèdent un système digestif adapté à cette nourriture. Les paresseux ont une digestion très lente, et les singes hurleurs disposent d'un compartiment supplémentaire dans l'estomac, où les feuilles fermentent une fois ingurgitées.

Pour sevrer* leur progéniture, les femelles hurleurs mâchent des feuilles en très grande quantité, les avalent pour les prédigérer avant de les recracher. Elles donnent à leurs petits cette bouillie, afin de les familiariser avec ce régime végétarien.

Régime varié

Les singes moins bien équipés pour digérer varient leur régime en passant souvent d'une espèce végétale à l'autre, afin d'éviter les accumulations de substances toxiques. Ils cueillent de préférence les jeunes feuilles, tendres et nourrissantes. C'est le cas du ouakari chauve, qui ne dédaigne pas les pousses et complète son régime par des fruits et des chenilles.

Une plante pour la vie

Les insectes ont souvent un régime alimentaire spécialisé. Ils consomment une seule famille de plantes. C'est sur une passiflore que l'héliconius de la passiflore (ci-dessus) pond ses œufs. Là, la chenille, indifférente aux poisons de la plante, va grossir, la chrysalide se métamorphoser et le papillon éclore.

Latex et autres poisons

Les végétaux se protègent de l'agression des herbivores par divers procédés. Certains portent des épines, d'autres des substances chimiques dangereuses (tanins, alcaloïdes) pour modérer l'appétit des végétariens. Ces poisons sont parfois violents. Gare à celui qui voudrait s'en régaler, la crise cardiaque ou la paralysie le guette ! Moins spectaculaire mais tout aussi efficace, le latex, en séchant, englue les insectes trop gourmands. Et puis beaucoup de feuilles sont si coriaces qu'elles sont immangeables. En général, plus une plante vit longtemps, moins elle est comestible.

OISEAUX DE MILLE COULEURS

La plupart des oiseaux, notamment les plus éclatants, se rassemblent au niveau des cimes. À eux les grands espaces ! Les perroquets portent de magnifiques plumages. Mais leur ramage déçoit un peu : s'ils sont bavards, leur voix est souvent très désagréable.

■ Le trogon à queue blanche

Il reste immobile pour se fondre dans le paysage. S'il ne bouge pas, c'est pour guetter les insectes qui passent à sa portée et varier ainsi son régime principal, composé de fruits et de graines.

■ L'amazone aourou

Ce perroquet mesure environ 30 cm. Il vit en couple au sein de troupes bruyantes de cinquante à deux cents oiseaux, qui explorent la canopée.

■ L'ara macao

Il vit en troupe de plusieurs dizaines d'oiseaux et se nourrit de fruits et de graines. Grâce à ses doigts zygodactyles* et à son bec puissant, il décortique les écorces les plus dures. Les couples bâtissent leur nid dans un trou d'arbre, une crevasse de rocher ou sur de hautes berges. Les bandes d'aras macaos n'ont pas de chef reconnu, et les querelles éclatent rarement entre ces oiseaux pacifiques qui aiment la vie familiale.

Le cacique

Il aime nicher en colonies de dix à vingt individus. Ses nids, en forme de longues poches, sont accrochés sous les branches dégagées des arbres émergents.

Le caracara huppé

Ce rapace (ci-dessus) se rencontre dans les zones les plus ouvertes des lisières de forêts et dans la mangrove. Il est social : on le trouve en couple, mais aussi en petits groupes d'une vingtaine d'oiseaux. Il se nourrit de charognes, de petits mammifères ou de reptiles.

Parure de plumes

Achète des pots de teinture à laine de différentes couleurs (rouge et jaune, par exemple) et procure-toi des plumes de poule ou de canard (tu peux en demander au volailler). Place chaque couleur dans une assiette creuse et trempe les plumes dans ces mixtures, au gré de ton inspiration.
Laisse-les sécher sur un papier propre. Tu pourras en décorer des boîtes, des cadres, des cahiers ou ta chevelure... et rêver aux oiseaux exotiques.

Le piauhau hurleur

Il émet un cri extraordinaire sur les places de chant. Il se nourrit de nombreux insectes du feuillage, surtout de sauterelles. Il recherche aussi les fruits riches en sucre et en graisses.

Le toucan à bec rouge

Avec son magnifique bec de plus de 16 cm de long, cet oiseau se délecte des fruits mûrs.

La chouette à lunettes

Elle aime les gros insectes, les petits rongeurs et les reptiles, en particulier les jeunes iguanes. Elle niche dans les trous des arbres.

L'aigle harpie

C'est l'un des plus grands aigles au monde.
Son envergure peut atteindre 2,30 m pour un poids de 9 kilos. Il utilise sa force prodigieuse pour chasser singes, paresseux, coendous et des oiseaux qu'il capture au-dessus de la canopée. L'aigle harpie vit dans toute l'Amérique tropicale.

Le faucon des chauves-souris

Le jour, il chasse de petits perroquets et des insectes. À l'aube et au crépuscule, il excelle dans la traque aux chauves-souris, lorsqu'elles rejoignent ou quittent leurs gîtes. Vivant en couple, il niche dans les cavités des arbres émergents.

Le vautour pape

Sa présence annonce une région à la faune riche. Il se nourrit de cadavres de gros animaux, mais débusque aussi les petits reptiles.

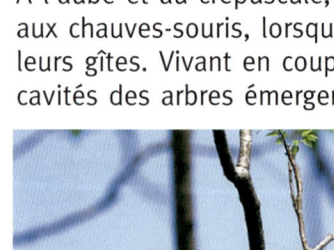

La pénélope marail

Seule (ci-dessous) ou en petit groupe, elle cherche sa nourriture dans les arbres et descend parfois au sol.

L'araponga à gorge nue

On l'a baptisé "oiseau cloche" parce qu'il émet des cris étranges qui rappellent le son du carillon. Il se nourrit de fruits plus ou moins gros.

Le colibri

C'est dans la voûte de la forêt que ces oiseaux (ci-dessus) trouvent leur menu, et que les mâles paradent et chantent. Les femelles recherchent les bords des cours d'eau pour faire leur nid.

LA POLLINISATION

Les animaux de la forêt jouent un rôle vital dans la reproduction des plantes tropicales. Plus qu'ailleurs, elles dépendent d'autrui pour leur fécondation. En effet, ici il y a peu de vent et les arbres d'une même espèce sont très dispersés.

■ Des auxiliaires de fécondation

Pour qu'une graine se forme, il faut qu'un grain de pollen féconde un ovule. Sur de longues distances, les insectes et les oiseaux transportent les pollens de fleur en fleur. En récompense de cette aide, les plantes produisent du nectar, un liquide sucré très énergétique. Au cours des siècles, chaque plante s'est adaptée par sa forme ou sa couleur à un pollinisateur* particulier.

■ Comment les séduire ?

Les fleurs rouge vif, comme celles de l'hibiscus, sont de véritables aimants pour le colibri. Elles ont la forme d'un tube, ou d'un cône, adapté au long bec de l'oiseau, qui puise le nectar en volant sur place. Ce faisant, il se couvre de pollen et le transporte involontairement de fleur en fleur. Les fleurs pâles, pollinisées par les chauves-souris, s'ouvrent la nuit. Leur odeur est piquante et douce. Certaines chauves-souris lapent en vol le nectar, d'autres s'accrochent lourdement aux fleurs situées au bout de longs pédoncules*. Ainsi, elles se poudrent de pollen et deviennent, elles aussi, les messagères des plantes.

▧ Du leurre au piège

Les insectes sont les principaux pollinisateurs. Les papillons et les abeilles sont attirés par les fleurs de couleurs vives. Certaines plantes vont jusqu'à emprisonner leurs émissaires. La fleur du nénuphar géant d'Amazonie (ci-dessous) garde captif le coléoptère qui assure sa pollinisation, en se refermant sur lui durant 24 h !

UN TRIO DE CHOC

La reproduction du noyer du Brésil dépend à la fois d'une abeille et d'une orchidée. Seules les abeilles femelles de l'orchidée ont un dos assez puissant pour repousser le casque qui protège les parties internes de la fleur du noyer. En relevant ce casque, le dos de l'abeille se couvre de pollen : l'insecte le transporte de fleur en fleur. Les abeilles mâles visitent aussi les orchidées et y recueillent des substances aromatiques destinées à séduire les femelles lors de l'accouplement. En prélevant ces arômes, elles se chargent de pollen et le transmettent à d'autres fleurs. Les trois partenaires (la noix, l'abeille et l'orchidée) tirent donc bénéfice de leurs bonnes relations.

LE MONDE DES CHAUVES-SOURIS

Lorsque la nuit tombe, les animaux diurnes gagnent leur dortoir. C'est au tour des animaux nocturnes de s'éveiller à la vie. Les nombreuses espèces de chauves-souris partent alors explorer la canopée.

◼ La chauve-souris à longue langue

Ce mammifère se nourrit de nectar, de fruits, d'insectes et de pollen. Il s'abrite dans les anfractuosités des rochers et les trous d'arbres.

◼ Le vampire

Cette chauve-souris très impressionnante se rencontre dans toute l'Amazonie. Elle se nourrit du sang des mammifères endormis (tapirs, capybaras, pécaris et singes). La morsure étant indolore, la victime ne se rend généralement compte de rien.

◼ Le grand noctilion

Ce mammifère volant de 90 g (à gauche) vit surtout dans les régions marécageuses. Il quitte son abri, un creux d'arbre, dès la tombée du jour, et part chasser petits poissons et gros insectes aquatiques.

■ La chauve-souris à long nez

Cette chauve-souris d'environ 7 g (ci-dessous) cueille en plein vol les petits insectes aquatiques sur les plans d'eau. Elle vit en groupe d'une douzaine d'individus près de l'eau, sous une grosse branche, un tronc couché ou une berge abrupte.

■ La chauve-souris à queue courte

Elle concentre son activité alimentaire dans le sous-bois. C'est un important disperseur de graines.

■ Le trachops

Ce mammifère (ci-dessous) se nourrit d'insectes, de batraciens, de lézards et, à l'occasion, de petits mammifères. Il reconnaît les batraciens à leur chant et évite ainsi les espèces venimeuses.

■ La chauve-souris frugivore

Elle vit en groupe réduit, composé d'un mâle et de plusieurs femelles. Cette chauve-souris d'une cin-quantaine de grammes aime les petites figues, le nectar et les insectes.

UN SONAR PERFECTIONNÉ

À l'exception des grandes espèces frugivores, la plupart des chauves-souris émettent en vol des ultrasons qui se réfléchissent sur les objets environnants. L'écho qu'elles reçoivent leur permet non seulement d'éviter les obstacles, mais aussi de repérer les insectes volants.

FRUITS ET LÉGUMES DE LA FORÊT

Noix, fruits, amandes, tubercules... la forêt tropicale fournit depuis la nuit des temps des aliments savoureux aux hommes qui l'habitent. Aujourd'hui, nombre de ces denrées sont cultivées dans le monde entier.

■ Le palmito

Les cœurs de palmier sont extraits de ce grand palmier. Malheureusement, l'exploitation n'est pas durable car tous les pieds dépérissent après l'arrachage du cône végétal.

■ Le manioc

Cette plante (à gauche) a des tubercules (ci-dessous) de 50 cm de long et d'un poids de 5 kilos. Il ne faut surtout pas y goûter avant de les avoir cuites et préparées selon des règles précises : crues, elles contiennent de la linamarine, une substance proche du cyanure et très toxique.

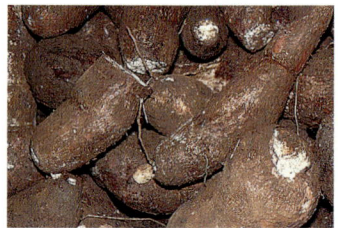

■ La goyave

Ce fruit rond, de saveur douce et acide, pousse sur un arbre haut de 3 à 10 m. On en fait des jus, des gelées, de la pâte de fruits et des conserves.

■ Le fruit de la passion

C'est une liane qui produit ces fruits juteux de la taille d'un œuf. Ils se consomment frais, en sorbets,

ou servent à la préparation de diverses boissons. On prescrit le fruit de la passion, également appelé maracuja, pour ceux qui souffrent de troubles du sommeil.

■ La noix de cajou

L'anarcadier, arbre d'une douzaine de mètres de haut, porte les noix de cajou à l'extrémité d'un pédoncule renflé et comestible, la pomme de cajou (ci-contre, le détail de la pomme et de la noix à son extrémité). Les amandes sont mangées séchées et les pommes en conserves, jus de fruits, vin ou vinaigre.

■ La noix du Brésil

L'amande dans la noix (ci-contre), très nourrissante et riche en phosphore, se mange fraîche. On en extrait aussi une huile de qualité pour fabriquer des savons.

La marmelade d'ananas

Épluche bien l'ananas pour enlever toute l'écorce. Coupe la chair en dés ; pèse-les. Ajoute le même poids de sucre de canne. Laisse macérer ce mélange pendant 12 h. Verse l'ensemble dans une bassine à confiture, et laisse cuire à feu doux pendant 20 min à partir du premier bouillon. Puis, à l'aide d'une grande cuillère, verse la préparation dans des pots préalablement ébouillantés. Ferme le tout avec un Cellophane à confiture, étiquette. Range ta marmelade à l'abri des gourmands !

■ Le cerimon

Appelée également philodendron, cette plante grimpante produit un fruit sucré et comestible au goût de banane et d'ananas. On en parfume des crèmes glacées et diverses boissons.

REMÈDES OU POISONS ?

Les végétaux sont de véritables réservoirs de substances toxiques. À forte dose, celles-ci sont nocives voire mortelles. Mais absorbées en faible quantité, elles possèdent des vertus bienfaisantes et peuvent apaiser toutes sortes de maux.

■ Le roucouyer

Il est utilisé dans la cuisine et par tous les Amérindiens* comme teinture. Les graines sont frottées sur la peau ou bouillies pour en tirer une pâte colorante de couleur orange.

■ Le strychnos

Il pousse au cœur des forêts tropicales des bassins de l'Orénoque et de l'Amazone. Ses graines sécrètent un poison violent. Les hommes en tirent du curare, qui signifie "Quiconque en reçoit tombe", pour aller à la chasse.

■ L'arbre à pain

Il est préconisé pour soulager les douleurs rhumatismales. Son latex favorise la circulation du sang, l'élimination de l'eau et des toxines.

■ L'arbre à coca

Cet arbuste de 5 m de haut porte des feuilles riches en cocaïne. Les Amérindiens les mâchaient pour bénéficier de leurs effets stimulants et euphorisants. Cet usage entraîne une toxicomanie grave.

■ L'arbre à maté

Depuis des siècles, les Amérindiens connaissent les vertus tonifiantes de cet arbuste du sous-bois. Ils apprécient les feuilles de maté, qui contiennent de la caféine et des tanins* stimulants.

L'hibiscus

Cette plante a des propriétés apaisantes et sédatives*. Avec les pétales de ses fleurs

en décoction, on obtient une boisson rafraîchissante. Elle est aussi très riche en vitamine C.

Le guarana

Les graines (contenues dans le petit fruit ci-dessus) ou l'écorce de cette liane servent à préparer une boisson délicieuse très tonique, adoptée par tous les Brésiliens. On administre le guarana à fortes doses pour combattre les vers intestinaux.

PHARMACIE D'HIER OU DE DEMAIN ?

Les laboratoires pharmaceutiques occidentaux étudient les pharmacopées* traditionnelles et les remèdes ancestraux. Des chercheurs explorent la canopée en ballon dirigeable ; ils se déplacent sur son sommet avec une sorte de "radeau" pour recueillir des essences rares ou découvrir des molécules inconnues. Un quart de nos médicaments contiennent des substances chimiques extraites des plantes de la forêt tropicale. L'arbre badamier, par exemple, pourrait être utilisé dans la lutte contre le sida. Le curare traite déjà l'épilepsie et le tétanos. C'est, avec la cocaïne, un anesthésique puissant.

BOIS, CACAO ET CAOUTCHOUC

Les ressources traditionnelles de la forêt tropicale déclinent au rythme de la déforestation. Ainsi, certaines essences, encore méconnues, disparaissent avant même d'avoir pu être exploitées.

■ Le cacaoyer

Ce petit arbre de 8 à 10 m de haut pousse dans les sous-bois des forêts humides. Sa fève (ci-dessous) séchée, grillée et broyée, donne du chocolat et du beurre de cacao. On l'utilise également dans la préparation de certains médicaments et produits de beauté.

■ Le palmier carnauba

Cet arbre (ci-dessous) pousse au bord des rivières et des zones marécageuses. La carnauba, cette cire qui recouvre la surface des feuilles, est surtout employée dans l'industrie des cosmétiques et des produits lustrants. Elle se détache par petits flocons après séchage des feuilles au soleil.

■ Le gaïac

Il produit une graine comestible appelée tonka. L'amande renferme de la coumarine, une substance très odorante, recherchée par les parfumeurs, les brasseurs et les pâtissiers.

■ Le brésil

Cet arbre rare a longtemps servi à produire une teinture rouge-orange, exportée vers l'Europe et l'Amérique du Nord. Aujourd'hui, il n'a plus de valeur commerciale, à cause de son manque de rentabilité et des teintures artificielles.

■ L'hévéa

Il a été surnommé par les Indiens "le bois qui pleure". Pour recueillir le latex, on pratique une incision sur le tronc, jusqu'au niveau des canaux qui se trouvent sous l'écorce.

■ Le gommier

Son caoutchouc, appelé balata, servait à fabriquer des balles de golf avant l'apparition des résines synthétiques.

■ Le bois de rose

L'arbre qui fournit le bois le plus précieux du Brésil (ci-contre) est aujourd'hui menacé de disparition à cause de sa surexploitation. De croissance lente, il ne permet pas non plus d'obtenir une production capable de satisfaire la demande. Bois rare, il est utilisé dans la fabrication de meubles et d'objets raffinés.

LA COLLECTE DU CAOUTCHOUC

Le seringueiro *se charge de récolter le latex. Il vit pauvrement en forêt, dans une hutte entourée par d'autres huttes distantes de quelques kilomètres. Ce "village" disséminé couvre une portion précise de forêt. Des chemins circulaires mènent le* seringueiro *à deux cents arbres-caoutchouc environ. L'homme entaille une fois tous les deux jours le tronc de l'hévéa. Le latex, sorte de lait blanc, coule dans un godet. Revenu à sa hutte, l'ouvrier finit de coaguler le latex récolté au-dessus d'un feu. Il le fait "fumer". Une odeur insupportable se dégage de l'âtre. Il enroule doucement la pâte autour d'un bâton, et finit par former une grosse balle de caoutchouc.*

LES HOMMES D'AMAZONIE

Depuis la colonisation de l'Amazonie par les Européens, son bois, ses épices, son gibier et ses minerais ont attiré les populations en masse. Les modes d'exploitation des ressources de cette forêt, grande comme un continent, ont rendu l'écosystème fragile. Pourtant, un développement soucieux des équilibres et des libertés doit être inventé.

seulement 220 000 membres. Les principales tribus sont celles des Yanomanis, des Tukanos, des Satérés-Mawés et des Yaguas.

Les botanistes et les ethnologues s'attachent à faire l'inventaire des richesses biologiques connues par ce peuple. Les Amérindiens sont considérés comme les premiers "écologistes", grâce à leur parfaite connaissance de la forêt et des vertus médicinales* des plantes.

◼ Les Caboclos

Ce peuple, né du métissage des Indiens et des Portugais, a colonisé les rives les plus reculées de l'Amazone. Les Caboclos, qui seraient

◼ Les Amérindiens

Les tribus d'Amérindiens, les habitants d'origine, ont été largement décimées au cours des siècles. Au Brésil, les quelque quatre-vingts tribus restantes représentent à peu près 10 millions, survivent grâce à la pêche, à la chasse et à la cueillette. Ils habitent de fragiles maisons de bois construites sur pilotis, souvent emportées par les crues. La plupart des enfants caboclos n'ont pas accès à la scolarisation.

■ La ruée vers l'or

Le Brésil possède la plus grande mine d'or à ciel ouvert du monde : la Serra Pelada. Elle se situe au sud-est de la ville de Santarem, au cœur de la forêt amazonienne et de territoires indiens. Sa découverte, en 1979, a provoqué une véritable ruée vers l'or. Un immense puits de plus de 200 m de profondeur a été creusé dans le sol. Au fil des années, des routes ont été construites pour acheminer le matériel jusqu'à la mine.

■ Les *garimpeiros*

Les *garimpeiros*, ou chercheurs d'or, exploitent les gisements au moyen de procédés artisanaux et ravagent la forêt par des défrichements sauvages. Travaillant dans des

conditions misérables, ils remontent du puits une quarantaine de kilos de terre boueuse et de cailloux avant de les trier et de les concasser. Pour amalgamer* les paillettes d'or qu'ils découvrent dans la terre, les *garimpeiros* utilisent du mercure, qui pollue les terres et empoisonne les poissons des rivières. Pour un gramme d'or extrait, un gramme de mercure est brûlé ou rejeté dans l'atmosphère et les fleuves.

LES SERVICES DE LA FORÊT

La forêt tropicale amazonienne joue un rôle déterminant dans l'équilibre climatique de la région sud-américaine. Localement, elle protège les sols de l'érosion et prévient des inondations. Si elle venait à disparaître à cause des défrichements ou des incendies massifs, les conséquences seraient catastrophiques pour la planète tout entière.

Une éponge naturelle

Grande consommatrice d'eau, la forêt restitue très lentement la pluie à la terre et ralentit son écoulement vers les fleuves. Ainsi, elle protège le sol d'un trop grand lessivage et limite l'érosion. Elle réduit la soudaineté et la violence des inondations, et rend de nombreux autres services écologiques.

Extraction de minerai par le lavage de la terre à haute pression.

Un modérateur de climat

Par l'évaporation d'une grande partie de l'eau de pluie, la forêt amazonienne chauffe les couches supérieures de l'atmosphère qui glissent vers les pôles de l'Arctique et de l'Antarctique. L'énergie thermique accumulée au-dessus de la forêt tropicale est ainsi transférée vers d'autres régions du monde, plus froides.

Déboisement massif près du rio Branco.

■ Un stockage de CO2

La forêt amazonienne est une fantastique réserve de carbone. Ses plantes absorbent le gaz carbonique contenu dans l'air et le transforment en bois. Lorsque l'arbre meurt ou est brûlé, le gaz est relâché dans l'air. Si un nouvel arbre pousse, il fixera de nouveau, au cours de sa croissance, du gaz carbonique en quantité.

■ L'effet de serre

Si le gaz carbonique atteint un niveau trop élevé, il augmente la température et provoque le réchauffement de la Terre.
C'est "l'effet de serre" qui, en faisant fondre les glaces des pôles, ferait monter le niveau des océans et inonderait une partie de la planète. La survie de la forêt d'Amazonie est un facteur d'équilibre pour le climat mondial.

Soleil
Arrivée des radiations solaires
Rayonnement infrarouge qui s'échappe de l'atmosphère
Gaz à effet de serre
Rayonnement infrarouge réfléchi par les gaz qui sont responsables de l'effet de serre
Toit de la serre
Terre

LEXIQUE

Les mots du lexique sont signalés par un astérisque (*) lors de leur première apparition dans le texte.

Amalgamer : réunir, en les faisant chauffer et fondre, une multitude de particules d'or pour constituer une pépite.

Amérindiens : tous les Indiens d'Amérique latine parmi lesquels ceux du territoire amazonien, regroupés en quatre-vingts tribus à peu près.

Antiseptique : produit (comme l'eau oxygénée) qui prévient et combat l'infection en détruisant les microbes.

Arboricole : se dit d'une espèce animale qui vit sur les arbres.

Canopée : étage supérieur de la forêt humide, qui regroupe la majorité des espèces.

Contreforts : racines secondaires appa-rentes, qui renforcent l'assise du tronc et des racines principales de certains arbres.

Écosystème : milieu naturel composé d'espèces vivantes et inertes, dont les effets réciproques forment un système stable.

Épiphytes : végétaux non parasites qui poussent et se développent sur des plantes et sur les branches des arbres, sans le support du sol.

Évent : sorte de narine, simple ou double, située sur le sommet de la tête des cétacés.

Fanon : repli de peau qui pend sous le cou de certains animaux.

Forêt de terre ferme : ce type de forêt ama-zonienne n'est jamais inondé et se prête donc à l'exploitation des terres.

Forêt de *varzea* : ce type de forêt régulière-ment submergé par les crues constitue, avec ses 700 000 km², la plus grande forêt inon-dable de la planète.

Forêt d'*igapo* : ce type de forêt est inondé durant toute l'année par le fleuve Amazone et ses affluents.

Frayer : mode de reproduction de certains poissons. La femelle dépose ses œufs dans un endroit avant qu'ils soient fécondés par le mâle.

Herbacées : plantes frêles, généralement vertes, aux tiges molles et peu résistantes.

Imputrescible : qui ne pourrit pas.

Liquéfier : transformer un corps solide en liquide.

Médicinales : se dit de plantes qui possèdent la propriété de soigner, ou qui entrent dans la composition d'un médicament.

Miellat : sirop sucré produit par des insectes, notamment les cochenilles, dont les fourmis sont très friandes.

Nidification : l'art et la manière, pour un oiseau, de construire et d'aménager son nid.

Nitrates : sels de l'acide nitrique.

Pédoncules : tiges reliant la fleur à la tige centrale.

Pétioles : partie rétrécie de certaines feuilles, reliant la feuille proprement dite à la tige.

Pharmacopées : ensemble de recettes pour préparer des médicaments.

Les remèdes traditionnels des Indiens sont à base de plantes, d'écorces et de lianes.

Plantules : jeunes plantes germées se nourrissant encore des réserves de la graine.

Pollinisateur : toute espèce animale qui, en transportant le pollen, assure la pollinisation des espèces végétales.

Répulsive : substance qui a pour propriété de repousser et de décourager un éventuel agresseur.

Sauriens : sous-ordre de reptiles, comme l'iguane, au corps recouvert d'écailles le plus souvent imbriquées.

Sédatives : propriétés calmantes d'une substance ou d'une plante, qui ont pour effet de modérer l'activité et la nervosité.

Sédentaires : fixes, attachés à un lieu précis.

Sevrer : habituer progressivement le jeune mammifère à se passer du lait maternel, pour qu'il consomme une nourriture solide.

Strate intermédiaire : étage moyen de la forêt tropicale humide.

Tanins : substances contenues dans de nombreux végétaux, qui sont notamment employées dans la fabrication des cuirs.

Urticaire : éruption momentanée de couleur rosée ou rouge sur la peau humaine, provoquée par une piqûre et occasionnant des démangeaisons.

Zygodactyles : doigts opposés deux à deux. À l'extrémité de chaque patte, le premier doigt et le quatrième doigt de l'ara macao sont dirigés vers l'arrière.

INDEX

TABLE DES ILLUSTRATIONS ET CRÉDITS PHOTOGRAPHIQUES

Couverture : grande illustration : A. Morandi ; hg : Montford/BIOS ; hm : P. Morin ; hd : P.-E. Dequest ; mg : Seitre/BIOS ; mm : P.-E. Dequest ; md : Heuclin/BIOS ; bg : J.-C. Senée ; bm : P.-E. Dequest ; bd : Montford/BIOS - 3 : P.-E. Dequest - 4 col. de h en b : P.-E. Dequest ; P. Morin ; Munoz/BIOS ; 5 col. de h en b : Bergerot/Robert/BIOS ; Marigo/Peter Arnold/BIOS ; Heuclin/BIOS ; J.-Y. Decottignies - 6-7 : L. Blondel - 8 : Montford/BIOS - 9 : J.-C. Senée - 10-11 : P.-E. Dequest - 12-13 : S. Agosto - 14 : Montford/BIOS - 15 g et hd : Sauvanet/BIOS ; bg : Crocetta/BIOS ; md : illustr. S. Agosto - 16-17 : P.-E. Dequest - 18-19 : P. Morin - 20 hg : Sauvanet/BIOS ; hd : Ruoso/BIOS ; m : Seitre/BIOS ; bg : Klein/Hubert/BIOS ; bd : Mafart-Renodier/BIOS - 21 hd : Seitre/BIOS ; m : De Nooyer/Fotonatura/BIOS ; bg : Munoz/BIOS - 22 hg et bg : Klein/Hubert/BIOS ; md : Schulz/BIOS ; bd : Cordier/JACANA - 23 hd : Crocetta/BIOS ; bg : Klein/Hubert/BIOS ; illustr. : P.-E. Dequest - 24 : L. Blondel - 25 : De Nooyer/Fotonatura/-BIOS - 26 hg : Weimann/BIOS ; m : Seitre/BIOS ; d : SUNSET/Animals Animals - 27 hg : Halleux/BIOS ; hm : Seitre/BIOS ; md : A. et M. Breuil/MAP ; mg : Barthelemy/BIOS ; bd : Seitre/BIOS - 28-29 : P. Morin - 30 hd : Crocetta/BIOS ; mg : Wu/Peter Arnold/BIOS ; bd : Gordon/Oxford Scientific Films/BIOS - 31 mg : Edwards/Still Pictures/BIOS ; hd : Cavignaux/BIOS ; b : Crocetta/BIOS - 32 hd : Pambour/BIOS ; md : Seitre/BIOS ; bg : De Nooyer/Fotonatura/BIOS - 33 hd et m : Klein/Hubert/BIOS ; bd : Heuclin/BIOS ; illustr. J.-M. Pariselle - 34 hg : Ziegler/BIOS ; hd : SUNSET/NHPA ; bg : Gunther/Fotonatura/BIOS ; bd : Heuclin/BIOS - 35 hd : Lacz/SUNSET ; m : Maywald/Fotonatura/BIOS ; b : SUNSET/Animals Animals - 36 hd : Montford/BIOS ; mg : Klomp/Fotonatura/BIOS ; b : Seitre/BIOS - 37 h : Montford/BIOS ; mg : Roggo/BIOS ; md et b : Heuclin/BIOS - 38-39 : P.-E. Dequest - 40-41 : P.-E. Dequest - 42 h et b : Ellinger/Fotonatura/BIOS - 43 hd : Vermeer/Fotonatura/BIOS ; mg : Dif/BIOS ; bd : Montford/BIOS - 44 hg et mg : Van Harkel/Fotonatura/BIOS ; hd : Doolittle/Peter Arnold/BIOS ; bd : Harvey/BIOS - 45 h : Pambour/BIOS ; m : Heuclin/BIOS - 46 hg : Heuclin/BIOS ; hd : Prévot/BIOS ; bd : Ramade/JACANA - 47 hm et bg : Heuclin/BIOS ; hd : Klomp/Fotonatura/BIOS ; mg : Lopez/BIOS ; bd : Garrouste/BIOS - 48-49 : P. Morin - 50 hg : Seitre/BIOS ; hd : Montford/BIOS ; b : SUNSET/NHPA - 51 h : SUNSET/NHPA ; m : Garrouste/MNHN ; bg : Seitre/BIOS ; bd : SUNSET/Animals Animals - 52-53 : P.-E. Dequest - 54 hd et md : Montford/BIOS ; bg : Rath/WWF/BIOS - 55 hg : Seitre/BIOS ; hd : Sauvanet/BIOS ;

b : Crocetta/BIOS - 56 hg : Montford/BIOS ; hd : Gunther/BIOS ; md : Vermeer/Fotonatura/BIOS ; bg : Wild/JACANA - 57 hd : Marigo/Peter Arnold/BIOS ; mg : Seitre/BIOS ; md : Pepper/Peter Arnold/BIOS ; bg : Sauvanet/BIOS - 58 hg : Janini/JACANA ; d : Montford/BIOS - 59 hg : König/JACANA ; hd : Garrouste/BIOS ; mg : Heuclin/BIOS ; md : Lefevre/BIOS ; b : Montford/BIOS - 60 h : Marigo/Peter Arnold/BIOS ; m : Rath/WWF/BIOS ; b : Weimann/BIOS - 61 hg : Sauvanet/BIOS ; hd : Montford/BIOS ; m : Marcon/BIOS - 62-63 : P.-E. Dequest - 64 hd : Klein/Hubert/BIOS ; m et bg : Montford/BIOS ; bd : Heuclin/BIOS - 65 hd, mg, bg et bd : Heuclin/BIOS ; md : Valesella/BIOS - 66 hg : Marino/Peter Arnold/BIOS ; m : Viard/JACANA - 67 hg : König/JACANA ; hd : Meinderts/BIOS ; md et bd : Klein/Hubert/BIOS - 68 h : Munoz/BIOS ; b : Grospas/BIOS ; illustr. V. Decugis - 69 h et b : Seitre/Bios ; illustr. V. Decugis - 70 : illustr. L. Schlosser - 71 hg et md : Seitre/BIOS ; illustr. L. Schlosser - 72 hg : Martin/BIOS ; hd : Montford/BIOS ; m : Heuclin/BIOS ; bg et bd : SUNSET/NHPA - 73 hg : Claudio/BIOS ; hd : Schwind/JACANA ; mg : Sauvanet/BIOS : bd : Bringard/BIOS - 74 hd : Montford/BIOS ; hg, bg et bd : Garrouste/MNHN - 75 hg : Sauvanet/BIOS ; hd : Ltd Oxford Scientific Films/BIOS ; md, bg et bd : Heuclin/BIOS - 76-77 : P.-E. Dequest - 78 mg : N. et P. Mioulane/MAP ; md et bg : Vié/BIOS ; bd : Sauvanet/BIOS - 79 h, bg et bd : Sauvanet/BIOS ; illustr. J.-C. Senée - 80 hg et hd : Montford/BIOS ; bg : Sauvanet/BIOS - 81 hg : Sauvanet/BIOS ; hd : Seitre/BIOS ; b : Alcalay/BIOS ; illustr. J.-C. Senée - 82 h et bd : Garrouste/MNHN ; bg : Marigo/Peter Arnold/BIOS - 83 hg : Sauvanet/BIOS ; bd : Seitre/BIOS ; illustr. J.-C. Senée - 84 hg : De Nooyer/Fotonatura/BIOS ; bg : Dif/BIOS ; bd : Montford/BIOS - 85 hg : Seitre/BIOS ; mg : Gohier/PHONE ; bd : Bergerot/Robert/BIOS ; illustr. L. Schlosser - 86 hg : Vermeer/Fotonatura/BIOS ; hm et bg : Seitre/BIOS ; md : Montemaggiori/Panda/BIOS ; bd : Dani/Jeske/BIOS - 87 hg et mg : Montford/BIOS ; md : SUNSET/FLPA ; bd : Seitre/BIOS - 88 : Montford/BIOS - 89 hd : Heuclin/BIOS ; m : Angel/GAMMA ; illustr. J.-C. Senée - 90 hg : Heuclin/Fotonatura/BIOS ; hd : Gunther/BIOS ; bg et bd : Tuttle/Panda/BIOS - 91 hg : Layer/BIOS ; hd : Meinderts/Fotonatura/BIOS ; md : Sauvanet/BIOS ; bg : Tuttle/Panda/BIOS - 92 hg : Parker/BIOS ; hm : N. et P. Mioulane/MAP ; md : Heuclin/BIOS ; bg : Prévot/BIOS ; bd : Grospas/BIOS - 93 hd : Smit/Fotonatura/BIOS ; m : König/JACANA ; bd : Coppola/Panda/BIOS ; illustr. S. Agosto - 94 hg : Barthelemy/BIOS ; hm : Klein/Hubert/BIOS ; md et bd : König/JACANA - 95 hg : Frebet/BIOS ; mg : Bartschi/WWF/BIOS ; hd et bd : Gaillarde/GAMMA - 96 hg et bg : Barthelemy/BIOS ; md : Mario/Peter Arnold/BIOS - 97 hd : Peter Arnold/BIOS ; illustr. J.-Y. Decottignies - 98 hg : Mari/GAMMA ; bd : N. et P. Mioulane/MAP - 99 hd : Morel/GAMMA ; bg : Ribeiro/GAMMA - 100 hd : Maier/Still Pictures/BIOS ; bg : De Nooyer/Fotonatura/BIOS - 101 hg : O.S.F./BIOS ; hd Collart-Odinetz/GAMMA ; illustr. L. Blondel.

Le logo des encadrés "activité" a été dessiné par A. Barbe.

Texte : Christine Sourd
Conception artistique : Sarbacane (Xavier Vaidis)
Maquette : Corinne Leveuf
Contribution rédactionnelle : Sylvie Allouche, Fabienne Hureau-Souche
Index : Ghislain Ripault
Couverture : Catherine Enault

Direction éditoriale : Christophe Savouré
Édition : Agnès Guérin
Fabrication : Annie-Laurie Clément

Merci à Servane Bayle pour sa précieuse collaboration

Photogravure Goustard, Clamart
Imprimé en Italie par Canale
Loi n° 49-956 du 16 juillet 1949 sur les publications destinées à la jeunesse.